KNISTER · Lohf

Theater

Vielen Dank an:

Claudius, Elke, Eva, Janike, Johannes, Jule, Julian, Julian R., Kai, Marie, Melina, Patrick, Sarah, Stefan, Sven und Vanessa, die so viel Spaß am Theaterspielen hatten und begeistert mitgemacht haben.

KNISTER · Lohf

Theater

Spielbuch für Kinder

Mit Illustrationen und Fotos
von Sabine Lohf

Ravensburger Buchverlag

Kurze Ouvertüre

Vorhang auf! Wer geht ins Theater und erwartet Fakten, Fakten, Fakten? Natürlich niemand. Trotzdem sind es die Inhalte, die das Theaterspiel mit Leben erfüllen. Deshalb geht es in diesem Buch vorwiegend um Inhalte, also um Theaterstücke. Praxis, Praxis, Praxis wäre deshalb zutreffender, denn mir lagen in erster Linie leicht nachspielbare, auch mit einfachen Mitteln umsetzbare Stücke am Herzen. Natürlich eingebettet in Vorschläge für die Regie sowie Tipps und Anregungen für das Erstellen von Kostümen und Bühnenbildern. Hier vorweg ein paar allgemeine Tipps, die für alle Stücke im Buch gelten.

Musik / Geräusche: Einfacher als selbst Geräusche aufzunehmen ist es, auf Tonkonserven zurückzugreifen, wie sie zur Nachvertonung von Videos im Musikalienhandel auf CD angeboten werden. In jedem Fall sollten Musik/Geräusche ihrer Reihenfolge entsprechend auf ein oder zwei Kassetten überspielt werden. Zwei Kassettenrekorder erleichtern die Arbeit und ersparen manche Panne.

Beleuchtung: Beleuchtungswechsel zwischen unterschiedlichen Szenen ist ein effektvolles Gestaltungsmittel. Ausprobieren! Um hässliche Schatten zu vermeiden, das Licht immer von zwei Seiten setzen.

Kostüme: So liebevoll wie möglich. Wenn es für die Dramaturgie des Stückes von Belang ist, wurde im Text darauf eingegangen.

Alle vorliegenden Stücke sind praxiserprobt, haben sich bewährt und bei den Spielern und dem Publikum Gefallen gefunden. Ich hoffe, Sie landen den gleichen Erfolg damit.

Toi, toi, toi Ihr KNISTER

Inhalt

6 Die Bärenhochzeit

Singspiel für fünfzehn bis zwanzig Kinder

Allgemein: Das Singspiel eignet sich besonders für kleine Kinder ab fünf Jahren.

Regie: Das Lied wird in der Gruppe gesungen; die Figuren treten in der entsprechenden Liedreihenfolge auf und gesellen sich zu dem Singkreis.

Bühnenbild: Es hängt davon ab, ob das Stück im Wald, im Kindergarten oder in einer Turnhalle gespielt wird. Man kann dann je nach Zeit und Lust ausstatten. Schön ist die „Hochzeit" auch verbunden mit einem Picknick im Wald. Dort kann man einen Tapeziertisch als Hochzeitstafel aufstellen, Betttücher im Hintergrund aufhängen, hinter denen die kleinen Akteure dann hervortreten.

Kostüme: Bis auf Braut und Bräutigam tragen die Kinder lediglich Stockmasken, die sie sich jeweils bei ihrem Auftritt vor das Gesicht halten.

8 Die Bärenhochzeit

Nach der Melodie:
„Ein Vogel wollte Hochzeit machen".

Der Braunbär geht, das ist doch klar,
als Bräutigam zum Traualtar.
Fiderallala ...

Die Eisbärin, das ist die Braut,
sie küsst den Bräutigam vertraut.
Fiderallala ...

Der Pinguin spielt den Pastor,
sein Frack ist schwarz wie 's Ofenrohr.
Fiderallala ...

Der Auerhahn, der Auerhahn,
der führt den Marsch zur Kirche an.
Fiderallalla ...

Das Känguru hüpft hinterher,
das Hopsen fällt ihm gar nicht schwer.
Fiderallala ...

Das Stinktier kommt auch angehuscht,
es hat fürs Fest ganz frisch geduscht.
(Stinktier mit Badekappe)
Fiderallala ...

Die Tigerin, die trägt den Ring
nach vorn zum Traualtare hin.
Fiderallala ...

Das Krokodil, das kommt von fern.
Es hat die Braut zum Fressen gern!
(klappt gefährlich mit dem Riesenmaul)
Fiderallala ...

Der Rollmops, der Rollmops,
bringt als Geschenk fünf saure Drops.
(rollt herein)
Fiderallala ...

Der Elefant, der Elefant,
der küsst der Braut die Hand galant.
Fiderallala ...

Die Affen, die Affen,
die kichern und die gaffen!
Fiderallala ...

Der Karpfen und der Kugelfisch,
die decken schon den Hochzeitstisch.
Fiderallala ...

Das Wildschwein hat nur eins im Sinn,
es will zur Hochzeitstorte hin.
Fiderallala ...

Nach Belieben weiterdichten.

Nun ist die Bärenhochzeit aus,
und alle geh'n vergnügt nach Haus.
Fiderallala ...

Großer Schlussmarsch.

Das Maul der **Tigerin** wird noch ausgeschnitten, damit es etwas gefährlicher aussieht.

Der **Kugelfisch** hat zusätzlich zur Bemalung Schuppen aus Goldpapier bekommen.

So werden die Masken gemacht:
Man braucht dazu pro Maske festen Karton, ca. 40 x 50 cm groß, flache Stöcke, ca. 120 cm lang und 2,5 cm breit, Klebstoff, Tesakrepp, Plaka- oder Binderfarben, Pinsel, etwas blaues Krepppapier für den Auerhahn, Federn usw., der Fantasie sind keine Grenzen gesetzt.
Die Umrisse der einzelnen Tiere werden zunächst einmal auf die Pappe gezeichnet. (Dazu können auch die Figuren von Seite 13 benutzt werden, indem man sie mit dem Kopierer vergrößert, die Umrisse ausschneidet und dann auf die Pappe überträgt.)
Man malt die Tierköpfe mit den entsprechenden Farben an, lässt sie trocknen und schneidet sie dann am besten mit einem Papiermesser aus. Der Holzstab wird hinten auf die Maske geklebt, zuerst mit flüssigem Klebstoff und darüber dann noch mit Malerkrepp. Während des Trocknens eventuell mit Büchern beschweren, sodass es später besser hält.

Die langen weißen Hauer des **Wildschweins** nicht vergessen.

Das **Krokodil** braucht zwei Holzstöcke, damit es auch das Maul auf- und zuklappen kann.

Beim **Affen** auf den Scheitel in der Mitte und auf ein lachendes Maul achten.

Der **Pinguin** hat einen langen gelben Schnabel. Derjenige, der ihn spielt, sollte ein schwarzes Jackett tragen.

Das **Känguru** hat einen Beutel aus Jute. Der wird einfach unten angeklebt und kann außerdem noch mit Geschenken gefüllt werden.

Dieser **Elefant** bekommt außer weißen Stoßzähnen noch große Ohren aus Packpapier angeklebt.

Die **Eisbärin** trägt ein Moskitonetz oder eine Gardine als Brautkleid und der Braunbär eine braune Strickjacke, damit er noch bäriger aussieht.

Die Bärenhochzeit kann man auch gut als Schattentheater spielen:
Am besten und einfachsten geht das natürlich bei strahlendem Sonnenschein. Dann muss man nur ein (weißes) Leintuch an einer Leine aufhängen. Die Schauspieler müssen beim Spielen das Sonnenlicht im Rücken haben. Je näher sie, in diesem Fall mit den Masken, an das Leintuch herangehen, umso deutlicher erscheint der Schatten.
Man kann dasselbe natürlich auch in einem Raum machen. Dann braucht man eine künstliche Lichtquelle, zum Beispiel einen Diaprojektor. Manchmal reicht sogar schon eine Schreibtischlampe hinter dem Tuch. Der restliche Raum muss verdunkelt sein.
Macht man ein Schattentheater ohne Masken, dann sollte man möglichst im Profil hinter dem Tuch zu sehen sein. Aber am besten eignen sich die Stücke mit skurrilen Verkleidungen. Auch die „Roboter" aus dem Stück „Rettet die Erde" sind für so ein Theater geeignet.

Kabel und Jau

Stück für vier bis zwanzig Kinder

Allgemein: Gut geeignet für gemischte Gruppen. Lesekinder lesen die Texte vor und nichtlesefähige Kinder spielen.

Regie: Die Rolle des Erzählers sollte von der Erzieherin übernommen werden, die Hilfestellung bei den Einsätzen geben kann. Ein passend dekorierter Notenständer für das Manuskript bindet den Erzähler noch stärker ins Stück ein.
Die Dialog- und Erzählpassagen bilden nur den Rahmen des Stückes. Zwischen den Erzählphasen kann mit Spielfreude pantomimisch improvisiert werden. Hier ist auch eine gute Gelegenheit, um beliebig viele weitere Rollen einzubauen. Die Praxis hat gezeigt, dass es ratsam ist, die (manchmal turbulenten) Improvisationsphasen von den Erzähl- / Dialogphasen abzusetzen, damit für die Zuschauer der Handlungsstrang nachvollziehbar bleibt. Um die Aufmerksamkeit auf die Erzähler zu richten, gegebenenfalls jeweils ein Glöckchen oder eine Triangel erklingen lassen.

Rollen: Kabel, Jau, Ramos, Mück, andere Fische.

Bühnenbild: Der Hintergrund wird mit blauem Stoff bespannt. Darüber kommt Malerfolie, auf die kleine Fische, Algen etc. geklebt werden können.

Requisite: Koffer, Sonnenhüte, Sonnenbrillen, Netz, Schwert.

Kabel und Jau

Musik abblenden. Licht an.
Erzähler tritt auf.

Erzähler: Ein schöner Fischmann und eine schöne Fischfrau, die trafen sich irgendwann.

Kabel und Jau treten auf, schwimmen einige Runden und treffen sich.

Die Fischfrau hieß **Jau,**

Jau verbeugt sich.

und **Kabel** – so hieß der Fischmann.

Kabel verbeugt sich.

Kaum hatten sich Kabel und Jau gesehen, da sagte der Kabel zur Jau: ...

Kabel: Ich möchte mit dir durchs Leben gehen, komm werde doch meine Frau.

Jau: Wie willst du mit mir durchs Leben gehen?

Erzähler: ... fragte die schöne Fischfrau.

Jau: Ein Fisch kann nur schwimmen, das wirst du verstehen, du weißt es doch ganz genau.

Kabel: Das mit dem Gehen war nicht so gemeint,

Erzähler: ... sagte Kabel, der Mann.

Kabel: Die Hauptsache ist doch, wir sind vereint, denn darauf kommt es an.

Jau: Na gut, dann heiraten wir.

Erzähler: Sie versprachen, sich niemals zu balgen.
Zur Hochzeit, da schmeckte das Wasser nach Bier
und es gab auch ganz frische Algen.

Musikband mit Hochzeitsmusik.
Spielsequenz. Musik ausblenden.

Erzähler: Eine Wohnung zu finden war kein Problem.

Hier im Meer gab es Platz genug.
Kabel und Jau lebten ganz bequem
in einem alten Krug.
Der Krug stand tief auf dem Meeresboden,
neben dem gesunkenen Schiff.
Hier ragte ein steiler Felsen nach oben.
Die Seeleute nennen das Riff.
Dort lebten die zwei und mochten sich sehr,
sie reichten sich täglich die Flossen.
Sie schwammen gemeinsam durch das Meer
und haben das Leben genossen.
Eines Morgens fragte Herr Kabel Frau Jau: ...

Kabel: Hast du Lust, mal auf Reisen zu gehen?

Jau: Eine tolle Idee!

Erzähler: ... antwortete Jau.

Jau: Ich würd' gern mal was anderes sehen.

Erzähler: Die zwei überlegten hin und her,
und sie fanden ein Urlaubsziel.
Sie wollten im Winter ins Mittelmeer
und von dort aus mal kurz an den Nil.

Jau: *(schwärmerisch)* Im Mittelmeer ...

Erzähler: ... so schwärmte Jau.

Jau: ... ist das Leben wirklich die Wonne.
Und es gibt dort viel Algen,
das weiß ich genau.
Das liegt an der warmen Sonne.

Erzähler: Die zwei packten rasch etwas Seetang ein,
als Pausensnack, das ist doch klar.
Ins Haus hängten sie noch ein Schild hinein,
auf dem stand:
„Wir sind bald wieder da."
Dann schwammen sie los, in Richtung Süden,
immer geradeaus.
Sie rasteten manchmal, um nicht zu ermüden,
weit entfernt lag bald schon ihr Haus.

Spielsequenz. Musikband: Reisemusik.

Erzähler: Am dritten Tag der langen Reise
überraschte sie ein Sturm.
Der Wind peitschte die Wellen auf seine Weise,
manche so hoch wie ein Turm.
Doch auch unter Wasser tobte das Meer,
und die Strömung zerrte mit Wut.
Das Schwimmen gegen den Strom fiel schwer,
und die beiden verließ fast der Mut.

Musikband: dramatische Musik.
Kurze Spielsequenz: Sturm.

Erzähler: Kabel und Jau nahmen sich bei den Flossen,
und gemeinsam ging's besser voran.
Mit vereinter Kraft kämpften sie unverdrossen
gegen Strömung und Wellen an.
So schafften's die zwei, den Sturm zu bezwingen.
Sie erreichten das Mittelmeer.
Das Wasser war warm und seicht zu durchschwimmen.
Sie gluckten und freuten sich sehr.
Sie fanden auch bald ein Ferienhaus.
Das Hotel hieß *San Marco la Gracht.*
Viele Gäste schwammen hier ein und aus,
das Hotel war wirklich die Pracht.

Spielsequenz: Hotel.
Auf Touristen getrimmte Fische schleppen Koffer, tragen Kameras vorm Bauch usw.

Erzähler: Die Urlaubszeit konnte schöner nicht sein,
sie lernten bald Freunde kennen.
Sie spielten gemeinsam *Tauch unter den Stein,*
ein Spiel das *Verstecken* wir nennen.

Spielsequenz.

Erzähler: Ein lieber Freund
wurde der Schwertfisch Ramos,
sein Schwert sah gefährlich aus,
doch er war sehr friedlich und überaus harmlos.

Ramos tritt an die Rampe, wackelt mit dem Schwert und dreht sich langsam vor den Zuschauern.

Nett war auch Mück,
der Dorsch aus Bruckhaus.

Mück tritt auf und winkt freundlich.

Nach vierzehn Tagen sagte Kabel zu Jau: ...

Kabel: Wir wollten doch noch an den Nil.
Dort gibt es Nilpferde, das weiß ich genau,
und auch Himbeereisalgen am Stiel.

Erzähler: Ramos der Schwertfisch
warnte die zwei: ...

Ramos: Passt gut auf,
ihr dürft eins nie vergessen!
Nehmt euch in Acht vor dem weißen Hai,
sonst werdet ihr ruckzuck gefressen!

Mück: Doch auch von den Fischern
lasst euch nicht fassen.
Sie angeln mit großem Geschick.
Schon mancher Fisch
musste sein Leben lassen
und ab ging's zur Fischfabrik!

Jau: Habt Dank für den Rat!
Wir sehen uns vor!
Macht euch um uns keine Sorgen!

Erzähler: Dann schwammen sie los,
durch das Hotelgartentor.
Es war noch früh am Morgen.

Den ganzen Tag
sind sie durchgeschwommen,
um schon abends am Nil zu sein.
Doch – oh je!
Was war das?!
Ein Fischernetz fing Kabel ein.

Musik oder Geräusch.
Ein Netz wird über Kabel geworfen.
Vergeblicher Befreiungsversuch.

Jau versuchte das Netz zu zerbeißen,
und Kabel zerrte mit Kraft.
Doch das Netz war stark,
es war nicht zu zerreißen,
sie haben es nicht geschafft.

Jau: Nur keine Panik, mein lieber Mann!

Erzähler: ... sprach Jau ihrem Kabel Mut zu.

Jau: Ich will seh'n,
dass ich Retter herbeiholen kann.
Ich versprech dir,
ich geb nicht eher Ruh!
Vielleicht finde ich Hilfe in unsrem Hotel
bei den Freunden Ramos und Mück!

Erzähler: Schon zischte sie los
und war schneller als schnell
und ließ Kabel alleine zurück.
Mit traurigem Blick sah Kabel noch
seine Jau in den Wellen verschwinden.
Warum hatte das verflixte Netz
bloß kein Loch?
Und würde seine Frau Hilfe finden?
Wenn die Fischer das Netz
jetzt nach oben ziehen,
das wusste er ganz genau,
dann war er verloren,
denn er konnte nicht fliehen.
Er sehnte sich nach seiner Frau.
Auf dem Meeresgrund verging
so Stunde um Stunde
und Kabel war noch gefangen.
Oh Schreck!

Fischer zogen im Boot ihre Runde,
um nach ihren Netzen zu langen.
Endlich kamen Ramos und Jau hergeeilt,
es wurde auch höchste Zeit.

Spielsequenz.

Mit dem Schwert hat der Schwertfisch
das Netz schnell zerteilt
und den zitternden Kabel befreit.
Nun zurück zum Hotel,
die Freude war groß!
Es wurde gefeiert wie toll.
Die englische Fischband spielte famos,
den Rollmops-Rock-'n'-Roll.
Die verschiedensten Fische feierten mit.
Es kam selbst die alte Muräne.
Sie schaukelte sanft im Flossenschritt,
vergessen war ihre Migräne.

Spielsequenz.

Irgendwann hatten Kabel und Jau genug,
und Jau sagte zu ihrem Fischmann: ...

Jau: Ich habe Heimweh nach unserem Krug!

Kabel: Ich fang mit dem Einpacken an!

Erzähler: Sie tauschten mit Freunden
Adressen noch aus,
etwas Reiseproviant noch genommen.
Der Abschied fiel schwer,
doch dann ging's nach Haus.
Sie versprachen bald wiederzukommen.
Ihre Wohnung im Krug
stand immer noch leer,
und Jau flüsterte Kabel leis zu: ...

Jau: Schön war die Zeit im Mittelmeer,
doch das Schönste im Leben bist du.

Erzähler: Die Kinder, die Kabel und Jau
bekamen,
waren putzmunter, fidel und gesund.
Sie trugen alle den gleichen Namen,
tief unten am Meeresgrund.
Den Namen zu raten, fällt gar nicht schwer.

Ans Publikum.

Ich bin sicher ihr kennt ihn genau!
Denn ihre Kinder
schwimmen noch heute im Meer,
und ihr Name ist **Kabeljau.**

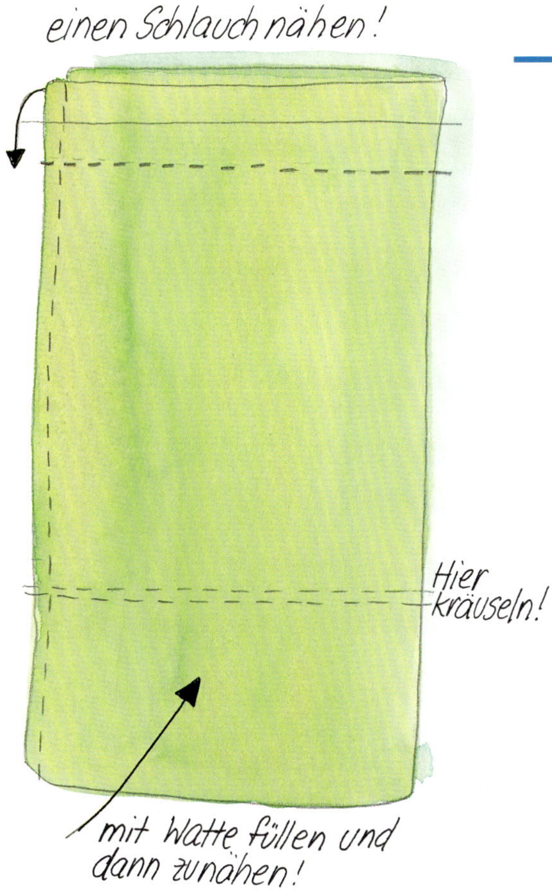

So werden die Kostüme gemacht:
Man braucht pro Fisch ca. 1 m Schlauchstoff, pro Fischschwanz ca. 2 m Futterstoff in schillernder Farbe, Schere, Nähgarn, Tüll oder andere Glitzerstoffe, Watte zum Füllen.
Als Kopfbedeckung eignen sich Badekappen, die eventuell noch mit Schuppen aus Goldpapier beklebt werden, oder wie hier Kappen, die verkehrt herum aufgesetzt werden.
Die Gesichter werden mit grüner oder goldener Schminke „fischig" angemalt. Große rote Münder nicht vergessen.

So werden die Fischschwänze genäht:
Der Futterstoff wird doppelt hingelegt und an der offenen langen Kante zugenäht. Vom unteren Ende werden in einer Höhe von ca. 50 cm zwei Kräuselnähte genäht. Dieser Teil wird später mit Watte ausgefüllt, dann ebenfalls zugenäht.
Oben wird ein ca. 5 cm breiter Tunnel genäht, durch den ein Gummiband gezogen wird. Es wird einfach zusammengeknotet und dem Bauchumfang des jeweiligen Kindes angepasst.
Wenn alles fertig genäht ist, ziehen die Kinder einfach die Schläuche über, dann die Schwänze. Um die Arme werden Tüllstreifen gewickelt. Wer mag, kann auch noch Schwimmflossen anziehen.

Kabel und Jau

Wenn man das Stück wie hier im Kindergarten oder in der Schule aufführt, braucht man noch drei Malerfolien. Davon werden zwei über die Rückwand gespannt. Die dritte braucht man, wenn Kabel und Jau schwimmen. Dann wird sie wellenförmig vor den Akteuren bewegt.
Für gute Unterwasserstimmung sorgen auch Seifenblasen in großen Mengen, die vom Bühnenrand zur Mitte gepustet werden.
Schön sehen auch Algen aus Krepppapier aus, die vorher in langen Streifen an einen Stock gebunden werden und von oben (z. B. von einer Leiter aus) ins Spiel gebracht werden.
(Natürlich könnte man Kabel und Jau auch im Schwimmbad oder Hallenbad aufführen.)

Hier noch einige Requisiten, die man für das Stück gebrauchen kann:

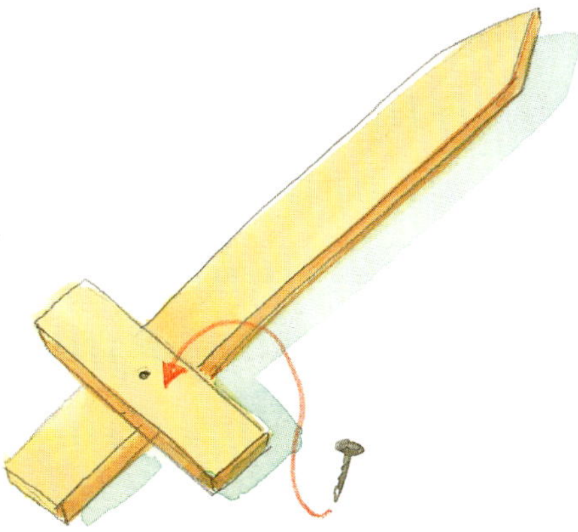

Das **Schwert** von Ramos wird aus einer ca. 60 cm langen flachen Holzplatte gebastelt. Ein weiteres Holzstück wird als Griff festgeschraubt. Dann wird die Spitze des Schwertes noch etwas zugespitzt und alles wird mit Gold oder Silber gespritzt.

Falls man den Kampf des Fisches im Netz noch weiter ausschmücken möchte, braucht man **Fischerboote.** Aus großen Pappstreifen (z. B. Kühlschrankverpackung) schneidet man zwei Bootsumrisse aus. In der Mitte dieser Teile befestigt man ein Skateboard. Auf dem sitzt dann der Fischer. Gerudert wird mit einem Besenstiel.

Für den **Hoteleingang** nimmt man entweder 2 Besenstiele, oder besser noch 2 lange Pappröhren (z. B. Verpackung von Neonröhren), zwischen die ein breiter Papierstreifen mit der Aufschrift „San Marco“ geklebt wird.

Ausflug zum Haus Holle

Ein märchenhaftes Spektakel für neun Kinder

Allgemein: Besonders geeignet im Rahmen eines Märchenprojektes für Grundschulkinder.

Rollen: Anne, Kai, Stefan, Veronika, Herr Holle, Hänsel und Gretel, Hans im Glück, Prinz.

Bühnenbild: Brunnen, Tor, Hollehaus mit Tür und Schelle und eventuell Kamin.

Requisiten: Ball, Taschentuch, Seil, Brot.

Ausflug zum Haus Holle

Wird das Spiel nicht im Freien sondern auf einer Bühne aufgeführt, ist die Spielfläche im Dunkeln.
Vor der Spielfläche ist ausgeleuchtet. Dort spielen die Kinder mit einem Ball. An einer Seite ist ein Brunnen aufgebaut.
Irgendwann fällt der Ball in den Brunnen. Kurze Improvisation, dann ...

Kai: Mensch, der Brunnen ist mir sonst nie aufgefallen.

Anne: Stand hier sonst nicht immer ein Zeitungskiosk?

Veronika: Ich weiß nicht. Irgendwas war hier. Aber bestimmt kein Brunnen.

Stefan: Bei Brunnen, die plötzlich auftauchen, soll man vorsichtig sein. Hab ich mal bei Raumschiff Enterprise gesehen.

Veronika: Sieht eher aus wie ein Märchenbrunnen. Vielleicht ein Wunschbrunnen oder so was. *(horcht hinein, lacht)* Keine Spur vom Froschkönig. Jedenfalls quakt nichts Verdächtiges.

Anne: *(ruft)* Hallo, Froschkönig! Bitte hol uns unseren Ball. Er ist zwar nicht aus Gold, aber wir hätten ihn trotzdem gern zurück!

Kai: *(ruft)* Hallo! Mein Name ist Kai. Meine Freunde nennen mich auch Kai im Glück, weil meine Lehrerin mich nie beim Pfuschen erwischt. Ich habe leider keinen Schleifstein, den ich in den Brunnen fallen lassen könnte. Darf es auch ein Taschentuch sein? *(wirft)*

Veronika: Mensch, gar keine schlechte Idee. Im Märchen steigen sie doch immer in die Brunnen. Los, lasst uns runtersteigen!

Stefan: Ist das nicht zu gefährlich?

Veronika: Quatsch! *(holt einen langen Strick, der in der Nähe des Brunnens liegt, und hält ihn Kai ans Kinn)* Wie hieß es doch im Märchen? Kaipunzel, Kaipunzel! Lass deinen Bart herunter!

Kai: Dein Haar, du blöde Kuh!

Veronika: Ich denke, die Kuh kam im Märchen von Hans im Glück vor.

Kai: Egal. *(stellt sich mit Kussmund vor Veronika)* Komm, küss mich. Sei kein Frosch, oder wie hieß das noch?

Stefan: Wer unsern schnöden Kai hier kennt, küsst lieber einen Sack Zement!

Anne: Mensch Leute, ich finde die Idee mit dem Runtersteigen toll. Endlich mal was Aufregendes. Kommt, lasst es uns versuchen. *(nimmt den Strick und bindet ihn am Brunnenrand fest)*

Stefan: Wir müssen aber vorsichtig sein.

Anne: Wenn du dich nicht traust, kannst du ja hier bleiben.

Stefan: Ich mein ja nur ...

Veronika: Das wird Spitze. Abenteuer, wir kommen!

Die vier steigen hinab.
Licht aus.
Musikband: gruselig klingende Instrumentalmusik, z. B. Pink Floyd.
Nach einer Weile Licht auf Spielfläche an: Bühnenbild Wiesenlandschaft.
Die vier krabbeln aus einer kleinen Öffnung im Bühnenbild heraus.

Anne: Wahnsinn! Einfach Wahnsinn!

Stefan: Ich glaub es nicht!

Kai: Ein Brunnen, aus dem man unten wieder herauskommt.

Stefan: Aber wo sind wir hier?

Gemeinsames Rätseln. Dann ...

Veronika: Seht mal, wir sind nicht die Einzigen, die hierher gefunden haben. *(ruft)* Hallo! Hallo, ihr da!

Sie entdecken Hänsel und Gretel die, sich an den Händen haltend, bei den Zuschauern herumirren.

Hänsel und Gretel winken stumm zurück, gehen aber weiter.

Kai: Hallooo! Seid ihr taub oder was?

Stefan: *(ruft)* Könnt ihr uns sagen, wo wir sind? Wir haben uns verlaufen.

Gretel: *(dreht sich um)* Wir auch!

Hänsel: Wir hatten Krümel ausgestreut. Aber die Vögel müssen sie aufgepickt haben. Es ist zwecklos.

Die zwei gehen hinter den Zuschauern ab. Die Kinder blicken ihnen ratlos nach.

Kai: Ich glaub, die ticken nicht ganz richtig.

Anne: Die hätten ja wenigstens auf uns warten können.

Prinz: *(hastet heran)* He, ihr Mädchen, welche Schuhgröße habt ihr?

Veronika/Anne: *(verblüfft)* Zweiunddreißig/ Vierunddreißig.

Prinz: Zu klein! Passt nicht! *(stürmt davon; eventuell mit Steckenpferd)*

Stefan: Das verstehe, wer will.

Anne: Und wie der aussah! Ob die hier gerade Karneval feiern?

Auftritt Hans im Glück; fröhlich summend durchs Publikum.

Kai: Da kommt ja schon wieder wer!

Stefan: Sieht auch ganz merkwürdig aus.

Hans: Einen fröhlichen guten Tag, alle miteinander.

Veronika: Guten Tag. Können Sie uns sagen, wo wir sind?

Hans: *(lacht)* Oh, nein. Das kann ich nicht. Es ist mir auch ganz gleich. Ich wandere so durch die Welt. Städte sind mir wurscht. Ich bin an anderen Sachen interessiert. Ich tausche gern. Habt ihr vielleicht was zum Tauschen für mich?

Veronika: Sind Sie ein Aussteiger?

Hans: Was für ein Steiger?

Stefan: Na, ein Hippi, Gammler oder wie man die Leute nennt.

Hans: Ein Jippi! Das klingt gut! Jipiii! *(usw.)*

Der weitere Dialog wird improvisiert. Hans kennt kein Radio, will es aber ertauschen. Schließlich verabschiedet er sich und die vier kommen drauf, wem sie bis jetzt begegnet sind.
Sie ziehen weiter, um im Märchenreich ihr Glück zu suchen. Da sie sich auskennen, kommen sie ihrer Pflicht beim Backofen und beim Apfelbaum nach. Sprechender Backofen und Apfelbaum werden von Kindern gespielt.
Schließlich kommen sie an die Haustür mit der Aufschrift „Holle".

Anne: Hier sind wir richtig. »Holle« steht an der Tür.

Veronika: Hab ich mir nicht so einfach vorgestellt. Jetzt brauchen wir nur noch ein paar Tage fleißig die Kissen zu schütteln. Und dann lass die Kohle regnen.

Die Gans für „Hans im Glück" wird aus Pappe ausgeschnitten und angemalt.

Stefan: Kohle?

Anne: Mensch, kapierst du nicht? Kohle! Asche! Moneten! Klunker! Pinonsens!

Kai: Knete ohne Ende! Ich kauf mir mindestens zwei Computer, ein neues Bike, ein ...

Stefan: Ob wir denn alle gleichzeitig hinein dürfen? Ich meine, im Märchen ist die Goldmarie doch auch allein zu Frau Holle gegangen.

Kai: Ich schlage vor, ihr geht arbeiten, und ich gehe allein durch das Goldregentor.

Veronika: Quatsch! Wir verdienen uns zusammen eine goldene Nase. Nur dran denken, Leute: Wir müssen einfach absolut so sein, wie die Erwachsenen sich immer wünschen, dass Kinder sein sollen.

Stefan: Also nicht nur fleißig, sondern auch besonders lieb und so.

Anne: Ich platze vor Arbeitslust. Wer darf an der Schelle ziehen?

Klingeln. Warten. Schlurfende Schritte.

Herr Holle: Das nenne ich eine Überraschung. Besuch, mitten im Sommer. Kommt doch herein. Habt ihr kein Brot mitgebracht?

Kai: *(verunsichert)* Brot? ... äh, ich meine, Sie sind ein Mann, ist Ihre Frau nicht ...

Veronika: Nein, wir haben leider nichts mitgebracht.

Herr Holle: Komisch. Die anderen Besucher bringen immer Brot mit. Wir haben da so einen Backofen. Er ist schrecklich nervig. Immer will er, dass man ihm das Brot herauszieht. Er schreit wie wild. Dass ihr den nicht gesehen habt!

Stefan: Doch, haben wir schon!

Anne: Natürlich. Ich lauf und hole schnell Brot. *(geht ab)*

Kai: Kann ich mich nicht vielleicht auch etwas nützlich machen? Ich meine, gibt's nichts zu fegen oder zu schütteln? Ich bin besonders gut im Kissenschütteln, wissen Sie.

Herr Holle: *(lacht verunsichert)* Also, ich denke nicht, dass das eine gute Idee ist, so mitten im Sommer.

Veronika: Ich würde so gern Ihrer Frau ein wenig zur Hand gehen.

Herr Holle: Meine Frau? Die ist nicht da. Sie macht Urlaub. Zusammen können wir leider keinen Urlaub machen. Es ist so schwer, zuverlässiges Personal zu finden. Na ja. Die Arbeit teilen wir uns. Sie sorgt für den Schnee im Winter und ich für die Sommerhitze. Da fällt mir ein, ich muss eben im Keller kräftig einheizen, sonst müssen die auf der Erde noch frieren. Vielleicht deckt ihr den Tisch hier draußen, ihr findet alles im Haus. Ich mach es uns schön warm hier an der frischen Luft. *(geht ab)*

HOLLE

Die Kinder gehen ebenfalls durch die Tür und decken draußen den Tisch. (Das spart ein Bühnenbild.) Dann improvisieren sie einen eindrucksvollen Frühjahrsputz, mit dem sie Herrn Holle sehr beeindrucken.

Kai: *(geht ihm nach)* Kann ich Ihnen vielleicht beim Kohlenschaufeln helfen? Darin bin ich besonders gut.

Herr Holle: *(im Off)* Also, ich muss schon sagen. Ihr seid ja wirklich fleißige Kinder.

Veronika: *(im Off)* Fleißig sind wir doch gern.

Anne kommt mit Brot zurück.

Stefan: *(im Off)* Und lieb!

Herr Holle: Ihr wollt doch sicher weiterziehen, um euer Glück zu suchen.

Kai: Ja, würden wir gern.

Herr Holle: Ich denke, ich muss euch da etwas erklären. Wenn man hineingeht ins Hollereich, gibt es einen Brunnen. Aber wenn man wieder hinaus will, muss man durch ein Tor.

Veronika: *(scheinheilig)* Ach, es gibt ein Tor?

Herr Holle: Es ist ein besonderes Tor. Es regnet, manchmal.

Kai: Braucht man da einen Regenschirm?

Herr Holle: *(lacht)* Nein. Es regnet manchmal so komische Sachen.

Anne: Komische Sachen?

Herr Holle: Hat man alles richtig gemacht, regnet es Gold. Hat man es aber falsch gemacht, regnet es Pech oder Schwefel oder Plutonium. Irgend so ein Dreckzeug, das nicht mehr abgeht.

Stefan: *(ungläubig)* Plutonium?

Herr Holle: Ihr könnt ganz beruhigt sein. Bei euch wird es kein Pech regnen. Es wird ...

Kai: Gold regnen!

Herr Holle: Nein, das auch nicht. Es wird gar nichts regnen. Das mit dem Regen macht immer meine Frau und die ist ja momentan nicht da. Ich kenne mich mit der Technik nicht aus.

Veronika: Wir werden ja sehen.

Anne: Vielleicht regnet es ja doch.

Das Holletor wird hereingeschoben und an die Nahtstelle von Spielfläche und Vorbühne platziert. Der Brunnen ist inzwischen weggeräumt.
Abschied und Marsch durchs Holletor. Sollte möglichst spannend gestaltet werden, vielleicht mit Lichtwechsel, künstlichem Nebel (Wasser auf Trockeneis im Eimer) und Musik.

Veronika: Da sind wir ja wieder.

Kai: Alles wie vorher. Nur der Brunnen ist weg.

Anne: Dass wir im Märchenreich gewesen sind, glaubt uns kein Mensch!

Stefan: Doch, ein paar schon! Alle, die heute das Glück hatten, bei dieser Vorstellung dabei zu sein!

HOLLETOR
IW

Ausflug zum Haus Holle

Dieses Stück haben wir mit einigen Kindern in einem Garten vor einer alten Mauer improvisiert. Schön ist auch ein Garten, wo ein Gartenhäuschen gleich als Hollehaus dient.

Zum Spielen braucht man:
6 große Pappkartons und 4 Umzugskartons oder ähnlich große Kartons, einen langen Streifen Wellpappe oder Packpapier, ca. 1 m breit und 3 m lang, eine alte ausgehängte Tür oder ein ebenso großes Stück Pappe, eine Glocke und Farben zum Bemalen.

Zunächst einmal wird ein großer Pappkarton als Brunnen angemalt. Wer große Mengen an Wellpappe organisieren kann, baut natürlich einen runden Brunnen.
Der Brunnen wird so aufgestellt, dass man davor eine Leine spannen kann, an der mit Wäscheklammern ein Vorhang befestigt wird.
Ist das erste Kind im Brunnen verschwunden, wird der Vorhang zugezogen. Der Brunnen wird weggeräumt, die Kinder krabbeln in die vier Umzugskartons und erscheinen, nachdem der Vorhang wieder geöffnet wurde, im „Märchenland".

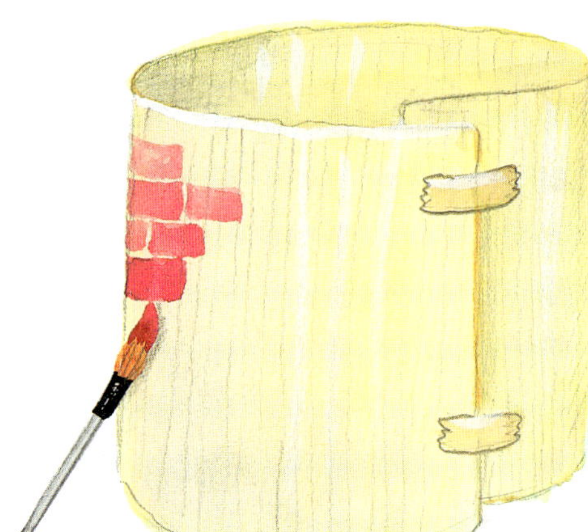

Das Holletor besteht an jeder Seite aus drei übereinander geklebten Kartons. Oben zwischen die Kartons wird der Pappstreifen mit der Aufschrift „Holletor“ geklebt. An das Holletor kann auch die ausgehängte Tür gelehnt werden. Hinter dieser Tür erscheint Herr Holle, nachdem die Kinder an der Glocke geläutet haben.

Nachdem die Szene gespielt wurde, wird die Tür einfach weggeräumt. Beim Marsch durch das Holletor können Goldpapierschnipsel, Goldtaler usw. geworfen werden.
Das macht jemand, der für das Publikum unsichtbar auf einer Trittleiter hinter dem Tor steht und jedes Mal „Gold“ wirft, wenn ein Kind das Tor durchschreitet.

Im Dinoland vor unserer Zeit

Ein Stück für fünf bis zehn Kinder

Allgemein: Im Mittelteil des Stückes können nach Belieben weitere Rollen (zeitgemäße/moderne) und Gegenstände hinzugefügt werden.

Regie: Wie immer nicht wörtlich an die Dialoge halten. Dann wird es lebendiger.

Rollen: Heidi, Dino 1, Dino 2, Dino 3, Dino 4, andere Dinos.

Bühnenbild: Es wird entweder eine archaische Landschaft auf Packpapier gemalt oder draußen vor einem Steinbruch, Sandhaufen oder Ähnlichem gespielt.

Requisite: Ein Dinoroller ohne Räder. Vielleicht ein gewöhnlicher Roller, dem ein Brett untergeschraubt ist. Der Wasserwerfer ist ein kleiner Wassereimer.
Eine stabile grobe Holzkiste mit Steinen. Natur- oder auch Ziegelsteine können witzig wirken.

Kostüme: Beim Anfertigen der Kostüme darauf achten, dass sich Dino 3 und Dino 4 gut bewegen können.

Licht aus. Becken oder Zimbeln werden mit einem weichen Klöppel so zum Klingen gebracht, dass es spannend/unheimlich klingt. Darüber wird das Musikband eingeblendet.
Musik leiser, Zimbeln klingen aus.
Ein großer Dino betritt die unbeleuchtete Spielfläche.
Geräuschband: Donner – Gewitter.
Mit zwei Blitzlichtern wird aus der Bühnendekoration heraus in die Zuschauer hineingeblitzt.

Erzähler: In einer längst vergessenen Zeit lebte ein Dinosaurier mit Namen Heidi.

Musikband: Heidi. Bühnenlicht an.
Heidi dreht sich im Kreis (wie auf dem Laufsteg).

Genau wie die Heidi, die ihr sicherlich alle kennt, hatte unsere Heidi sehr, sehr viel Fantasie, aber leider sehr, sehr wenig Geld.

Spielsequenz.
Ein Dino rollt auf einem „Dinoroller" herein und fährt eine Runde im Kreis.

Heidi: Darf ich auch mal auf deinem Dinoroller fahren?

Dino 1: Nein!

Heidi: Aber warum denn nicht?

Dino 1: Kauf dir doch selber einen Dinoroller! *(rollt ab)*

Erzähler: Aber wie schon gesagt, Heidi hatte kein Geld, und für einen Dinoroller schon gar nicht. Und weil es Weihnachten damals noch nicht gab, konnte Heidi sich auch keinen Dinoroller zu Weihnachten wünschen.

Dino 2 hetzt auf die Bühne, wird kurz darauf von Dino 3 verfolgt.
Dino 3 schleppt den „Wasserwerfer" mit sich. Die Zwei rennen im Kreis immer hintereinander her.

Heidi: Darf ich mitspielen?

Dino 2: Jetzt nicht, vielleicht später!

Dino 3: Wenn du einen Wasserwerfer hast, darfst du mitspielen.

Erzähler: Aber Heidi hatte keinen Wasserwerfer. Das lag aber nicht nur am mangelnden Geld. Heidis Mama erlaubte einfach keine Wasserwerfer. Sie sagte: ...

Mama: *(entweder nur als Stimme im Off oder als Figur)* Ihr werdet beim Spielen nass und könntet euch erkälten. Das ist zu gefährlich!

Dino 3 versucht jetzt, seinen Spielkameraden nass zu machen. Das misslingt aber, und der Guss Wasser aus dem Eimer geht in die Zuschauer der ersten Reihe.

Heidi: Aber das stimmt nicht, Mama. Meistens werden beim Spielen die anderen nass!

Erzähler: Wie ihr seht, hatte Heidi Recht. Aber es half nichts, Mama erlaubte keinen Wasserwerfer.

Dino 4 kommt und schleppt eine schwere Kiste.
Packt bedeutungsvoll dicke Steine aus und beginnt umständlich damit zu rechnen.

Dino 4: Vier Steine minus drei Steine gleich „Einstein".

Improvisieren.

Heidi: Was machst du denn da?

Dino 4: Das siehst du doch. Ich rechne mit meiner Rechenmaschine.

Heidi: *(ungläubig)* Eine Rechenmaschine?

Dino 4: Mit dieser Maschine kann man rechnen und auch spielen.

Rechnet weiter, zählt dabei Steine in die Kiste usw.

Heidi: *(ungläubig)* Spielen?

Dino 4: Ja. *(zeigt ihr einen Stein)* Das hier zum Beispiel ist Superdanio. Ein ganz tolles Spiel.

Beginnt mit dem Stein tief in der Kiste zu spielen.

Superdanio muss rennen, Hindernisse überwinden und aufpassen, dass er nicht von Wario erwischt wird. Wenn ich lange genug übe, werde ich immer besser und komme in das nächste Level. Der sieht dann so aus:

Holt sich vom Bühnenrand einen besonders schweren Stein, den er kaum tragen kann, und zeigt ihn dem Publikum.

Aber jetzt lass mich in Ruhe allein spielen, sonst komme ich nie in den nächsten Level!

Erzähler kommt hinzu. Heidi und Dino verharren in ihren Positionen.

Erzähler: Wie ihr seht, hatte Heidi es nicht leicht. Aber Heidi war nicht traurig. Sie hatte zwar keinen Dinoroller, keinen Wasserwerfer und auch keine Rechenmaschine wie ihre Spielkameraden. Aber wie schon erwähnt, hatte sie eine dinosauriergroße Fantasie. Und mit Fantasie kommt man manchmal im Leben weiter als mit Geld!

Heidi: *(wendet sich wieder Dino 4 zu)* So eine Maschine ist ja nicht schlecht. Aber ist sie nicht

ein bisschen schwer? Sie müsste kleiner sein. So, dass man sie zum Spielen überall mitnehmen kann. Und sie müsste schneller rechnen können als unsere Dinolehrerin. Ich würde so ein Ding Computer nennen.

Dino 4: Computer, das klingt gut!

Ruft die anderen Dinos.

He, kommt doch mal her! Heidi fängt wieder an, eine von ihren Geschichten zu erzählen. Das wird bestimmt gut!

Die anderen Dinos kommen.

Heidi: *(begrüßt die anderen Dinos und nimmt den Roller zur Hand)* So einen Dinoroller könnte ich mir auch anders vorstellen. Hier unten müsste irgendetwas dran, was ihn schneller macht.

Zeigt dorthin, wo die Räder hingehören.

Dann könnte man damit so schnell fahren, dass die Erwachsenen einen nicht kriegen!

Dino 1: *(lacht)* Das wäre echt Spitze!

Heidi: Irgendwann wird es so ein Ding geben, da bin ich sicher.

Dino 3: *(hält ihr den Wasserwerfer hin)* Und hierfür? Hättest du dafür auch eine Idee? Wie, glaubst du, könnte so ein Ding in Zukunft aussehen?

Heidi: So ganz genau weiß ich das auch nicht. Erst einmal würde ich es nicht Wasserwerfer nennen. *(überlegt kurz)* Supersoocer wäre kein schlechter Name.

Dino 3: Supersoocer klingt eiszeitcool. Echt tyrannosaurierstark!

Heidi: Man müsste das Wasser dazu bringen, dass es richtig weit spritzt.

Dino 4: Aber wie?

Heidi: Keine leichte Frage.

Dino 3: Los Heidi, denk nach!

Heidi: Ganz so schnell geht das nicht mit dem Nachdenken.

Dino 4: Lass dir was einfallen!

Heidi: Ich brauche etwas Zeit.

Dino 3: So einen Supersoocer will ich unbedingt haben. Denk doch bitte mal etwas schneller.

Heidi: Gebt mir noch ein bisschen Zeit, dann fällt mir bestimmt ein, wie das Ding aussehen müsste.

Dino 1: Aber Heidi, wie lange sollen wir denn noch warten?

Heidi: *(lacht)* So ungefähr drei Millionen Jahre. Dann wisst ihr genau, wie die Supersoocer aussehen. Das verspreche ich euch!

Licht aus.

So werden die Kostüme gemacht:
Man braucht pro Dino einen Pappkarton, Zeitungspapier, Kleister, Eimer zum Anrühren, Stock, Pinsel, Farben, Papiermesser, Klebstoff, Pappe für die Krallen, Gummiband und farbiges Papier in Grüntönen für die Schuppen.

Für die **Krallen** legt man eine Hand auf ein Stück Pappe und malt die Umrisse großzügig nach. Dann wird diese „Kralle“ ausgeschnitten und grün angemalt.
Es werden vier Löcher in die Kralle gebohrt (siehe Zeichnung), durch die dann das Gummiband gezogen wird, damit kann man später die Kralle einfach über die Hand streifen. Wer mag, kann sich nach diesem Prinzip auch noch Fußkrallen herstellen.

Wer keine Zeit hat, aufwendige Kostüme zu nähen, kann auch einfach Schlafsäcke umhängen. Die sind schön dick und man kann sich trotzdem gut darin bewegen.
Oder man zieht eine viel zu große grüne Trainingshose und ein viel zu großes grünes T-Shirt an und stopft es mit Kissen aus, so wie es die Kinder hier gemacht haben.

So werden die Dinoköpfe hergestellt:
Die Pappkartons müssen so groß sein, dass sie gut über den Kopf passen, aber nicht über die Schultern rutschen können.
Mit dem Papiermesser schneidet man den Karton, wie hier auf der Zeichnung gezeigt, zurecht. Dann reißt man das Zeitungspapier in Streifen. Mit dem angerührten Kleister wird Streifen für Streifen eingestrichen und über den Karton geklebt.

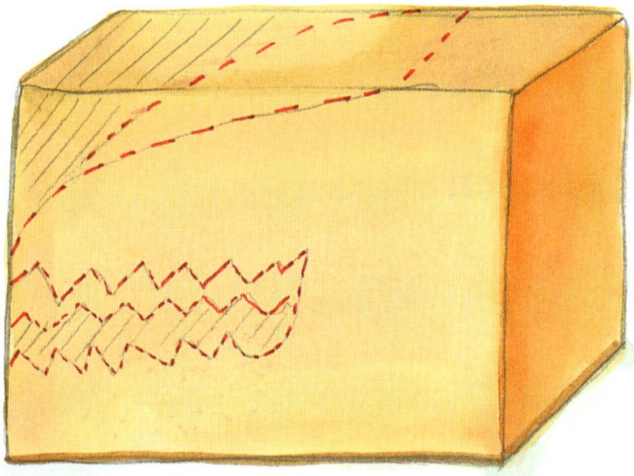

Wenn alles gut durchgetrocknet ist, werden die Köpfe grün angemalt, das heißt verschiedene Grüntöne werden angerührt und dann schön fleckig aufgepinselt.

Die Augen werden aus gelbem Tonpapier ausgeschnitten und aufgeklebt.
Wer mag, kann noch eine schöne rote Zunge aus Papier ausschneiden und in das Dinomaul kleben.

Als Dinoroller nimmt man einen gewöhnlichen Roller, den man entweder mit urzeitlichem Gestrüpp behängt oder mit einem langen Pappkarton verkleidet und mit einem Streifenmuster bemalt.

Der verlorene Sohn

Ein biblisches Theaterspiel für sechs bis fünfzehn Kinder

Allgemein: Die Geschichten gehören zu Lukas 15, Vers 11–32 und Lukas 15, Vers 1–7.

Regie: Der Bühnenbildwechsel sollte so geübt werden, dass keine unnötigen Pausen entstehen.

Rollen: Vater, Sohn, verlorener Sohn, Gastwirt, Gäste, Bauer, Diener, Arbeiter.

Bühnenbild: Ein Tisch symbolisiert den Arbeitsplatz des Vaters sowie die Gaststätte; ein großflächig gemaltes Bild den Arbeitsplatz „Schweinehüten"; eine Spielstätte entfernt (z. B. hinter dem Publikum) den Arbeitsplatz „Feld".

Requisite: Büroarbeitsplatz Vater; Tischdecke / Gläser, Gaststätte; Gartengeräte, Körbchen, Zwiebeln / Kartoffeln usw.

Der verlorene Sohn

Erzähler: Gott hat uns sehr, sehr lieb. Wir dürfen immer zu ihm kommen. Jederzeit. Er freut sich darüber. Als Jesus auf der Erde lebte, hat er uns Geschichten erzählt, die uns zeigen, dass wir wirklich immer bei ihm willkommen sind. So eine Geschichte möchten wir euch jetzt vorspielen.
Es war einmal ein Mann, der war sehr fleißig. So hat er sich mit den Jahren einen großen Gutshof aufgebaut. Er beschäftigte viele Leute, die bei ihm Arbeit fanden.

Vater kommt, arbeitet am Schreibtisch.

Der Mann hatte auch zwei Söhne.

Die Söhne gehen durchs Publikum zu ihrem Arbeitsplatz und beginnen zu arbeiten.

Die waren jung und kräftig und arbeiteten mit den anderen auf dem Feld. Auch die Söhne waren fleißig und schufteten tagein, tagaus. Und so wurde der Hof immer wohlhabender und war gut bestellt.
Eines Tages verließ der jüngere Sohn seinen Arbeitsplatz und sprach bei seinem Vater vor.

Der andere Sohn arbeitet während aller folgenden Szenen beharrlich weiter.

Verlorener Sohn: *(geht zum Vater)* Vater, wenn du einmal stirbst, werden mein Bruder und ich alles erben, was du besitzt. Deinen Hof, deine schönen Kleider, deinen wertvollen Schmuck, dein Gold, einfach alles. Aber ich kann nicht warten, bis du tot bist. Ich will meine Hälfte, die mir zusteht, schon jetzt haben.

Erzähler: Der Vater sah seinen Sohn lange an, und dann begann er zu rechnen. Er zählte alles zusammen. Das Vieh, den Hof, das Geld, all sein Hab und Gut. Und so schenkte er seinem Sohn eine Hälfte seines gesamten Besitzes.

Der Sohn übernimmt einen großen Geldsack und macht sich auf den Weg durch das Publikum und den Raum.

Der Sohn freute sich. Er verkaufte alles, was er nicht tragen konnte, und ging mit dem vielen Geld aus dem Haus.

Der Vater winkt ihm nach.

Sein Weg führte ihn in die Stadt. Dort kaufte er sich von dem vielen Geld, was er wollte.

Der Schreibtisch wird zum Gasthaus umdekoriert; viele Gäste nehmen Platz.

Es sprach sich schnell herum, dass er sehr leichtsinnig mit seinem Geld umging, und so waren stets viele Leute um ihn herum.

Wird mit großem „Hallo“ empfangen.

Er war lustig, feierte jeden Tag und bezahlte für alle. So lebte er in Saus und Braus und bald war sein ganzes Geld verjubelt.

Die Gäste lassen ihn allein am Tisch zurück. Als er nicht zahlen kann, wird der Wirt böse und wirft ihn hinaus.

Gerade zu der Zeit brach eine große Hungersnot aus, und das Essen und alle Lebensmittel wurden sehr teuer. Der junge Mann hatte aber kein Geld mehr, um sich etwas zu kaufen, weil er alles Geld ausgegeben hatte.

Er bittet bei mehreren Zechkumpanen um Unterkunft und Verpflegung – wird aber abgewiesen.

Irgendwie musste er aber an etwas zu Essen kommen, und so fand er schließlich eine Stelle als Schweinehirt.

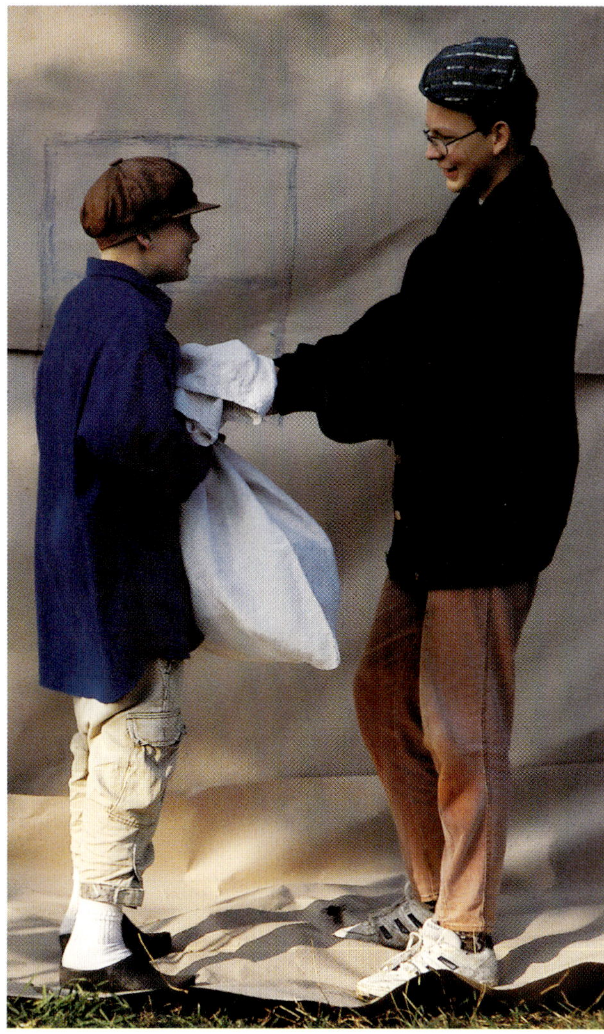

Bauer: Du kannst bei mir arbeiten. Pass gut auf, dass kein Schwein ausbüchst, und halte die Ställe sauber. Abends holst du die Abfälle aus dem Restaurant. Das ist prima Schweinefutter für die Viecher. Aber lass dich bloß nicht dabei erwischen, dass du selber aus dem Schweinetrog isst.

Vor dem großen Bild mit der Schweineherde.

Erzähler: Hungrig und traurig saß unser Sohn vor dem Schweinestall. Er sagte zu sich selbst:

Verlorener Sohn: Die Arbeiter, die bei meinem Vater arbeiten, haben es gut. Sie bekommen genug zu essen und ich soll hier verhun-

gern? Ich will wieder heimgehen zu meinem Vater und ihn um Verzeihung bitten. Ich will ihm sagen: „Ich habe mich schlecht benommen gegen Gott und dich. Ich habe es nicht länger verdient, dein Sohn zu sein, aber nimm mich als Arbeiter bei dir auf."

Erzähler: Mit diesem Vorsatz machte er sich auf den Heimweg. Der Vater aber sah ihn schon von weitem kommen und lief ihm entgegen.

Verlorener Sohn: Vater, ich weiß jetzt, dass ich alles falsch gemacht habe. Ich kann nicht mehr dein Sohn sein, aber lass mich bitte als Tagelöhner für dich arbeiten.

Vater: *(dreht sich um, klatscht, ruft seine Diener)* Vorwärts, holt das schönste Kleid, steckt ihm einen Ring an den Finger, lasst Musiker kommen, schlachtet ein Kalb! Wir wollen ein Fest feiern. Mein Sohn war tot, aber jetzt lebt er wieder. Er war verloren, aber jetzt haben wir ihn wieder gefunden.

Der Tisch wird gedeckt und ein Fest gefeiert. Musikband.
Während im Hintergrund weitergefeiert wird, stellt sich der Erzähler vor den Tisch.

Erzähler: Hier könnte die Geschichte zu Ende sein. Der zweite, vielleicht wichtigere Teil der Erzählung folgt aber noch.

Der ältere Sohn war noch auf dem Feld und hörte die festliche Musik. Er ging heim, um nachzuschauen. Unterwegs begegnete er einem Diener.

Der ältere Sohn beendet seine Feldarbeit und macht sich auf den Heimweg.

Sohn: Woher kommt die Musik?

Diener: Dein Bruder ist zurückgekommen. Dein Vater hat ihm zu Ehren ein Mastkalb schlachten lassen, und alle singen und feiern und sind fröhlich.

Erzähler: Da wurde der Sohn zornig und wollte nicht nach Hause. Schließlich kam sein Vater ihm entgegen und versuchte ihn zu überreden, doch mitzufeiern, aber der ältere Sohn war enttäuscht und entgegnete:

Sohn: All die Jahre habe ich treu für dich geschuftet und war gehorsam. Und wozu das alles? Mit meinen Freunden habe ich kein einziges Fest feiern dürfen und für mich hast du nie auch nur eine Ziege geschlachtet. Für meinen Bruder aber, den Nichtsnutz und Faulenzer, da ist dir nichts zu schade! Er hat auf der faulen Haut gelegen und all sein Geld verprasst, während ich auf dem Feld gerackert habe. Und zum Dank dafür schlachtest du ihm das beste Kalb und lässt sogar Musikanten kommen.

Vater: Aber mein Sohn, dir gehört doch ohnehin alles, was mir gehört. Doch jetzt, da dein Bruder zurückgekommen ist, kann ich nicht anders: Ich muss mich freuen und feiern. Denn er war tot, und jetzt lebt er wieder. Er war verloren, und wir haben ihn wieder gefunden.

Der Vater nimmt den älteren Sohn in den Arm, und sie schlendern im Gespräch vertieft ab.

Erzähler: Das war für den älteren Sohn sicherlich nicht leicht zu begreifen, und ihr könnt es ihm vielleicht nachfühlen. Jesus versteht, was in dem älteren Sohn vor sich geht und welche Gedanken ihn quälen.
Jesus weiß, wie wir Menschen fühlen, denn er ist ja für uns Mensch geworden. Vielleicht hat er uns deshalb noch eine zweite, ähnliche Geschichte erzählt, von der in einem anderen Evangelium berichtet wird. Ich will es kurz machen:
Wie schon so oft, saß Jesus eines Tages wieder einmal mit Menschen zusammen, die beim Volk nicht sehr beliebt waren. Heutzutage würde man solche Leute vielleicht Penner nennen oder Nichtsnutze, vielleicht sogar Kriminelle. Kurzum Leute, die vom rechten Weg abgekommen sind.
„Seht, mit welch unanständigem Gesindel er dort zusammensitzt“, mäkelten die frommen Leute. „Er sollte bei uns anständigen Leuten am Tisch sitzen.“ Jesus hörte sie reden und erzählte ihnen eine Geschichte: „Stellt euch vor, einer von euch hätte viele Schafe, und ein Schaf würde weglaufen und die Herde verlassen. Es würde sich total verlaufen und vielleicht sogar in eine Schlucht fallen. Würde ein guter Hirte da nicht die Herde allein lassen, um nach dem Schaf zu suchen? Und wenn er es tatsächlich findet und heil zurückbringt, wäre dann die Freude nicht riesengroß? Deshalb“ – so erzählte Jesus – „gehe ich zu denen, die ihr verachtet, denn Gott freut sich sehr, wenn ein Mensch, der vom rechten Weg abgekommen ist, wieder zu ihm zurückfindet. Er freut sich sogar mehr über solche Menschen als über jene, die meinen, sie seien besser als die anderen.“

Wir haben bei diesem Stück eine glatte Rückwand mit Packpapier (gibt's auf großen Rollen im Malergeschäft) beklebt.
Man kann das Stück sowohl drinnen (Turnhalle, großer Raum, Kirche) als auch draußen spielen.
Das Packpapier hat den Vorteil, dass man darauf malen kann (Fenster, Türen, Möbel usw.).
Alles Weitere lässt sich vor der Packpapier-Kulisse aufbauen.

Für die **Schweineherde** braucht man festen Karton oder einen großen Streifen Packpapier.
Malt man die Schweineherde auf einen Kartonstreifen, hat das den Vorteil, dass man die Herde schneller auf- und abbauen kann.
Die einzelnen Schweine kann man auch auf Karton aufmalen, ausschneiden und mit einem Steg aus Karton versehen, sodass sie von allein stehen können.

Die Kostüme bestehen aus einfacher Kleidung, zum Beispiel Lederhosen, Mütze, Hemd.
Der Wirt braucht eine Schürze, der Vater etwas feinere Sachen.

Der verlorene Sohn

Dieses Stück kann man auch mit Stockpuppen spielen.

Man braucht für jeden Akteur:
Ein großes Stück Pappe, auf das man das Gesicht malen kann, ein Stück Pappe für die Hände, 2 lange Holzstäbe, Klebeband, Watte, Klebstoff, alte Kleidungsstücke oder Stoffreste, Farben zum Bemalen, Hüte.

Zuerst zeichnet man einen Kopf auf die Pappe auf und schneidet ihn dann aus. Unter dem Hals muss die Pappe breiter sein (siehe Zeichnung), damit die Kleidung darüber passt.
Am Kopf werden Haare festgeklebt und eine Mütze darüber gesetzt. Dann wird der Figur ein Hemd angezogen, oder sie wird mit Stoffresten bekleidet.
In einem Ärmel wird die Hand befestigt.

Die Figuren werden an den Stöcken gehalten, die Arme können rauf und runter bewegt werden, was dann täuschend echt aussieht.

Rettet die Erde

Ein Umwelttheaterstück für drei bis zehn Kinder

Allgemein: Ein Stück für Grundschulklassen (hat sich besonders bewährt im Rahmen eines Umweltschutzprojektes).

Regie: Gerade bei diesem Stück sind das Erarbeiten und der Entstehungsprozess wichtiger als die Aufführung.

Rollen: Jonas, Katrin, Roboter Saxochlortaxolmelisan, andere Roboter.

Bühnenbild: Einblicke in Kinderzimmer mit Fenster.

Requisite: Abfallprodukte bieten sich an.

Vorhang auf. Kinderzimmer/Nacht. Jonas und Katrin schlafen in ihren Betten. Hinter der Bühne mehrmals ein kratzendes Geräusch.

Katrin: *(wird wach und horcht)* Jonas! Jonas, hör doch mal!

Jonas dreht sich um und grummelt Unverständliches.
Kratzen = Gabelzinken über Pappkarton.

Katrin: *(laut)* Da! Da war es schon wieder.

Jonas: *(schreckt hoch)* Was?

Katrin: Das Kratzen.

Jonas: Was für ein Kratzen?

Katrin: Das weiß ich doch nicht.

Jonas: Und warum weckst du mich dann auf?

Katrin: Wegen dem Kratzen.

Jonas: Hast du sie noch alle?

Katrin: Hör doch mal.

Beide horchen.

Jonas: Ich hör nix.

Katrin: Jetzt nicht. Aber vorhin wohl.

Beide horchen weiter.
Scharren/Kratzen (diesmal leiser).

Jonas: *(flüstert)* Vielleicht eine Maus?

Katrin: *(flüstert)* Glaub ich nicht. Warte mal.

Steht auf und geht ans Fenster; erstaunt.

Mensch, das glaubst du nicht!

Jonas: *(eilt ans Fenster; fassungslos)* Das kann doch nicht wahr sein! Ein Roboter in unserem Garten.

Katrin: Sieht so aus, als ob der Bodenproben nimmt.

Jonas: In unserem Garten ... ein echter Roboter.

Katrin: Wo der wohl herkommt? *(ruft)* Hallo, Roboter! Komm doch mal her!

Jonas: Ich werd verrückt, der kommt wirklich.

Auftritt Roboter: Entweder von hinten durchs Publikum oder direkt auf die Bühne.

Roboter: Audisystem interstellares, Opelgalaxis dritte, Mercefordes Planeten vom komme ich. Doppelschraubenrechner salatölfressende der, sagen man würde, übersetzt Sprache ihre in, Saxochlortaxolmelisan ist Name mein. Tag guten.

Katrin und Jonas sehen sich ratlos an.

Jonas: Wie bitte?

Roboter: Saxochlortaxolmelisan ist Name mein.

Katrin: Du, ich glaube der spricht rückwärts.

Roboter: Sein meinerseits Programmfehler kleiner ein muss. Sprecht rückwärts ihr warum, gewundert schon mich habe ich.

Entschuldigung. *(betätigt Hebel und Schalter an seinem Körper)* Guten Tag. Mein Name ist Saxochlortaxolmelisan. In ihre Sprache übersetzt, würde man sagen, der Salatöl fressende Doppelschraubenrechner. Ich komme vom Planeten Mercefordes.

Katrin: *(ungläubig)* Soll das heißen, du bist echt ein Außerirdischer?

Roboter: Dritte Opelgalaxis, interstellares Audisystem. Sag ich doch.

Jonas: Das glaubt uns keiner.

Katrin: Und was machst du hier auf unserer Erde, in unserem Garten?

Roboter: Test, ob Boden giftig, Test, ob Laune giftig.

Jonas: Na, ich denke, außer der Laune ist hier bei uns auf der Erde so langsam alles giftig. Zu viel Sonne ist schädlich, wegen dem Ozonloch, Baden darf man fast nur noch in der Badeanstalt ...

Katrin: Aber bitte nicht ohne Schwimmbrille, weil das Chlor so in den Augen brennt.

Jonas: Man traut sich kaum noch zu essen: Medizin im Hähnchenfleisch, Salmonellen in den Eierspeisen, Unkrautgift im Gemüse ...

Roboter: Gift in Lebensmitteln? Das ist interessant.

Katrin: Gift von Farbstoffen in der Wurst, chemische Konservierungsstoffe im Brot, künstliche Aromastoffe in der Limonade, Chemie im Pudding, atomares Strahlengift in Pilzen, Quecksilber im Fisch, und, und, und ...

Roboter: Das ist gut. Darum bin ich hier.

Katrin: Was soll das heißen, das ist gut?! Schlecht ist das. Man könnte auch sagen: Es stinkt im wahrsten Sinne zum Himmel.

Jonas: Bis hinauf in deine Audigalaxis!

Roboter: Entschuldigung. Ich meine schlecht für euch, aber gut für uns. Mein letzter Besuch war noch nicht so erfolgreich. Diesmal kann ich mit guten Nachrichten heimfliegen.

Katrin: Was soll das heißen?

Roboter: Als ich vor fünfzig Jahren hier war, war das Wasser schlecht. Diesmal ist das Wasser in den Flüssen gut.

Katrin: Ich glaube, der tickt wohl nicht richtig. Das Wasser in den Flüssen soll gut sein?

Jonas: *(klopft dem Roboter liebevoll auf den Kopf)* Wohl ein kleiner Programmfehler, was?

Haben wir vielleicht wieder mal was vertauscht im Oberstübchen? Ist vielleicht ein kleiner Salatölwechsel überfällig?

Roboter: Nein, gut – ich meine für uns, weil es für euch schlecht ist.

Katrin: Echte Roboterlogik.

Roboter: Ich glaube, ich muss euch das erklären. Früher haben auf unserem Planeten auch Menschen gelebt, die uns gebaut haben. Sie sind aber ausgestorben, weil sie sich, genau wie ihr, mit der Zeit vergiftet haben. Wir sind übrig geblieben, weil uns das Giftzeug nichts ausmacht. Die meisten von uns sind dazu programmiert, Autos und Maschinen zu bauen. Und so wurden es immer mehr, und jetzt haben wir ein riesiges Parkplatzproblem. Ich reise nun durch die Galaxis und suche Parkplätze. Wenn ihr so weitermacht, wird eure Erde bald ein prima Parkplatz für uns sein.

Jonas: Unsere Erde ein Parkplatz?

Roboter: Keine Sorge! Wir besetzen ihn nicht mit Gewalt. Wir brauchen bloß abzuwarten.

Katrin: Das ist ja nicht zu fassen!

Roboter: Aber ihr braucht euch wirklich keine Sorgen zu machen! Wir parken erst, wenn von euch und den anderen Lebewesen nichts mehr übrig ist. Bloß keine Panik! Jetzt sind wir nur hier, um Proben zu nehmen, damit wir wissen, wie lange wir noch warten müssen.

Katrin: Was heißt hier eigentlich wir?

Roboter: Ja glaubt ihr denn, ich bin allein gekommen? *(pfeift auf einer Trillerflöte)*

Folgende Passage kann eingefügt werden, falls es z. B. im Rahmen eines (Unterrichts-)Projektes notwendig erscheint, weitere Rollen zu besetzen:

Von allen Seiten kommen jetzt Roboter und bauen sich in Reih und Glied auf der Spielfläche auf. Nacheinander berichten sie dann, welche Proben sie genommen haben und zu welchen Ergebnissen sie gekommen sind. Hierbei können echte Proben gezeigt, Untersuchungsergebnisse erläutert und Fotos gezeigt werden, usw. Die Dialoge werden nach Bedarf selbst erarbeitet.

Wecker klingelt. Der erste Roboter greift in eine Klappe an seinem Bauch und angelt ein Telefon heraus.

Roboter: *(telefoniert)* Ja, wir haben die Proben abgeschlossen. – Nein, im Moment noch nicht. Wir werden wohl noch ein paar Jahre warten müssen. Aber wenn sich das hier auf der Erde so weiterentwickelt ... – Ja, wir fliegen weiter zum Mars!

Zum Basteln der Roboterköpfe braucht man:
Kartons oder Eimer, die gut auf den Kopf passen, Papiermesser, Silberspray, Eierkartons, alles was silbrig glänzt und etwas technisch aussieht. Das können Teesieb, Schneebesen, Silberdraht, Lametta, Stricknadeln usw. sein. Zwei Roboter tragen Schutzhüllen für Autowindschutzscheiben, denn die bekommt man oftmals günstig in Baumärkten.

So werden die Köpfe gebastelt:
Man setzt die Kartons auf und kennzeichnet die Augenhöhe. An dieser Stelle werden mit dem Papiermesser Löcher hineingeschnitten. Einen Mund muss man nicht unbedingt ausschneiden; stattdessen kann man auf die Stelle Eierkartonelemente oder Flaschenverschlüsse aufkleben.
Der fertige Kopf wird mit Silberspray besprüht. Ist der Kopf trocken, kann man Teesiebe, Stricknadeln usw. anbringen.
Wem es nicht zu unbequem ist, der kann noch einen großen Karton für den Oberkörper zurechtschneiden und mit Silber besprühen. Wer lieber die Autoschutzhüllen benutzen möchte, der muss in die Mitte (siehe Zeichnung) ein Loch für den Kopf schneiden.

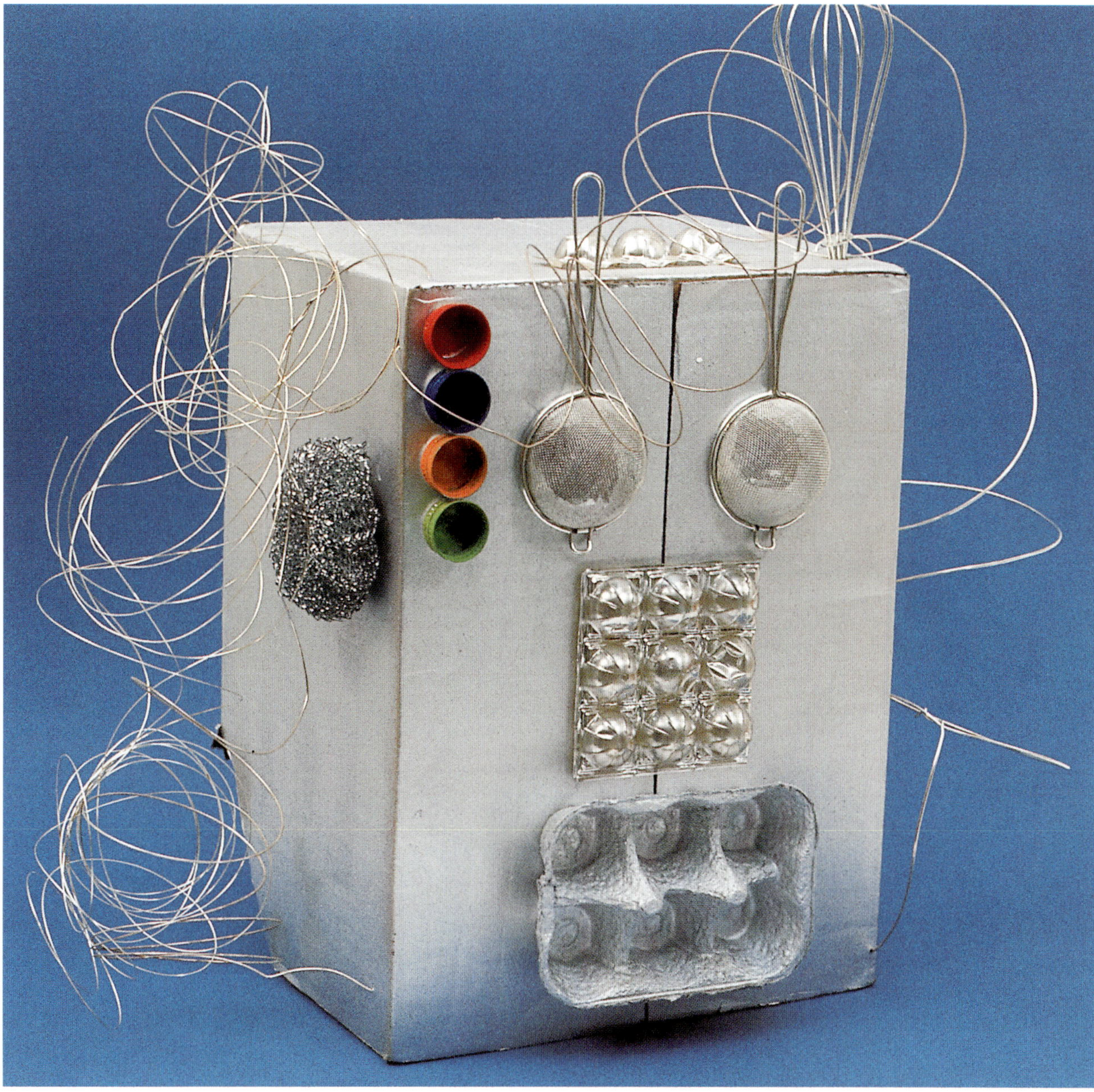

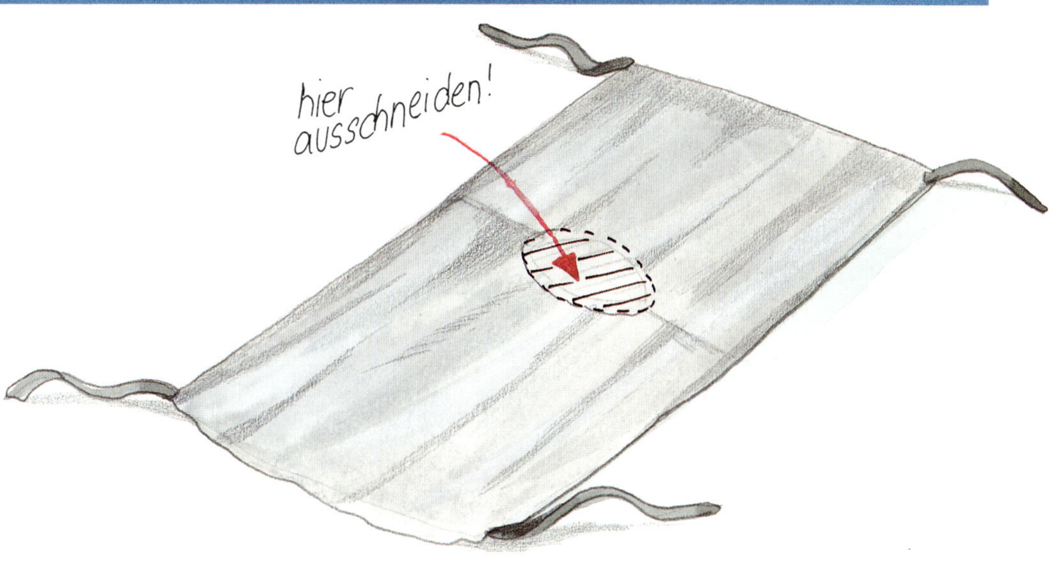
hier
ausschneiden!

Und so wird das Fenster für das Kinderzimmer gebaut:
Man braucht Dachlatten in den Längen 3 x 2 m und 4 x 1,50 m, mindestens 4 Metallwinkel, Holzbohrer, Schrauben, Schraubenzieher, Stoff zum Bespannen und Stoff als Vorhang.
Zunächst einmal wird aus den Dachlatten ein Rahmen gebaut, so wie es hier auf der Zeichnung zu sehen ist.
Das untere Drittel wird mit Stoff bespannt. An die oberen Kanten werden rechts und links die Vorhangstoffe mit einem Tacker angebracht.
Je nachdem, wo gespielt wird, stellt man den Fensterrahmen unterschiedlich auf. So kann man ihn zum Beispiel mit einer reißfesten Wäscheleine zwischen zwei Bäumen im Garten, an einem Schaukelgerüst auf dem Spielplatz, in der Schule oder im Kindergarten aufhängen.

Oder man baut, so wie hier auf der Zeichnung, einen Stützfuß.
Seitlich stellt man entweder bespannte Holzparavents, die es im Rohzustand inzwischen günstig in Baumärkten gibt, oder man nimmt große Pappkartons, die man rechts und links vom Fenster aufstapelt.

Der Osterhasennikolaus

Stück für zehn bis zwanzig Kinder

Allgemein: Im Stück sind die drei Bilder des Handlungsstranges mit den notwendigen Hauptrollen vorgegeben. Der Großteil wird improvisiert, und es können beliebig zahlreiche Nebenfiguren besetzt werden.

Regie: In den jeweiligen Werkstätten sollte es möglichst lebendig zugehen. (Also ruhig mehrere Aktivitäten gleichzeitig spielen.) Auch wenn sich die Aktivitäten überlagern, unbedingt auf Sprachverständlichkeit achten!

Rollen: Pfingsthuhn, Osterhase, Hasen, Bote, Nikolaus, Helfer.

Bühnenbild: Himmelswerkstatt und Osterhasenwerkstatt.
Wenn möglich, zwei getrennte Spielorte in einem Raum dekorieren. Davor jeweils ein Vorhang/ Sichtschutz. Im Idealfall sitzen die Zuschauer dazwischen.

Requisite: Eier, Farben, Pinsel, Ostergras, Bahre. Das „Schlussnest" muss so üppig sein, dass es von wirklich allen geplündert werden kann.

Saallicht aus, vor der Bühne Licht an. Das Pfingsthuhn tritt vor den Vorhang.

Pfingsthuhn: *(begrüßt zunächst die Gäste)* Ich darf mich vorstellen, ich bin das Pfingsthuhn. Ich bin noch nicht so bekannt wie der Osterhase. Aus diesem Grund habe ich die Rolle des Ansagers übernommen. Und da ich sicher bin, dass dies heute ein unvergesslicher Abend für euch wird, bin ich danach bestimmt bekannt wie ein bunter Hund.
Kommen wir zu unserem Theaterstück. Lasst uns zusammen einen Blick in die Osterhasenwerkstatt werfen. *(zieht den Vorhang auf)*

Erstes Bild: In der Osterhasenwerkstatt. Geschäftiges Treiben in der Werkstatt. Eier werden bunt bemalt. Stroh, Gras, Moos werden herangeschleppt. Nester werden gebaut. Bei allen Aktivitäten muss deutlich werden, dass ohne den „Chef"-Osterhasen nichts läuft. Immer wieder muss er helfend oder erklärend eingreifen.

Dialogbeispiele der Hasen:

... Hier bring ich euch das frische Moos. Es duftet besonders frisch dieses Jahr.

... Chef, ist die rote Farbe schon frisch angerührt?

... Chef, ich glaube, in meinem Ei piepst es! *(usw.)*

Das Telefon klingelt. Irgendein Hase nimmt ab.

Hase: Osterhasen und Co. KG, Abteilung Werkstatt, mein Name ist Hase. – Oh, tut mir Leid, damit kenne ich mich nicht aus ... Ich müsste mal den Chef fragen. – Wie bitte? – Nein! Für die Auslieferung ist auch der Osterhase persönlich zuständig. Das macht er doch immer ganz allein. Die Kunden wollen das so. Wir haben es mal mit der Bundespost versucht, aber das fand keinen Anklang. – Richtig. Das war das Jahr, in dem die Ostereier zu Pfingsten ausgeliefert wurden. Am besten, ich reiche Sie mal weiter. –
Chef, für Sie! Es geht um die Auswahl der Farben für dieses Jahr und um die Auslieferung.

Osterhase: Osterhasen und Co. KG. Mein Name ist Osterhase. – Verstehe – Verstehe – Richtig! Die Farben wie immer, schön bunt muss es sein. – Da komme ich am besten gleich jetzt einmal vorbei, um alles zu besprechen. – Danke und bis gleich.

Gibt noch ein paar Anweisungen, verabschiedet sich und geht ab. Pfingsthuhn schließt den Vorhang.

Pfingsthuhn: Wie man sieht, hat der Osterhase ja alle Hände voll zu tun. Oder sollte ich besser sagen, alle Pfoten? *(stutzt)*

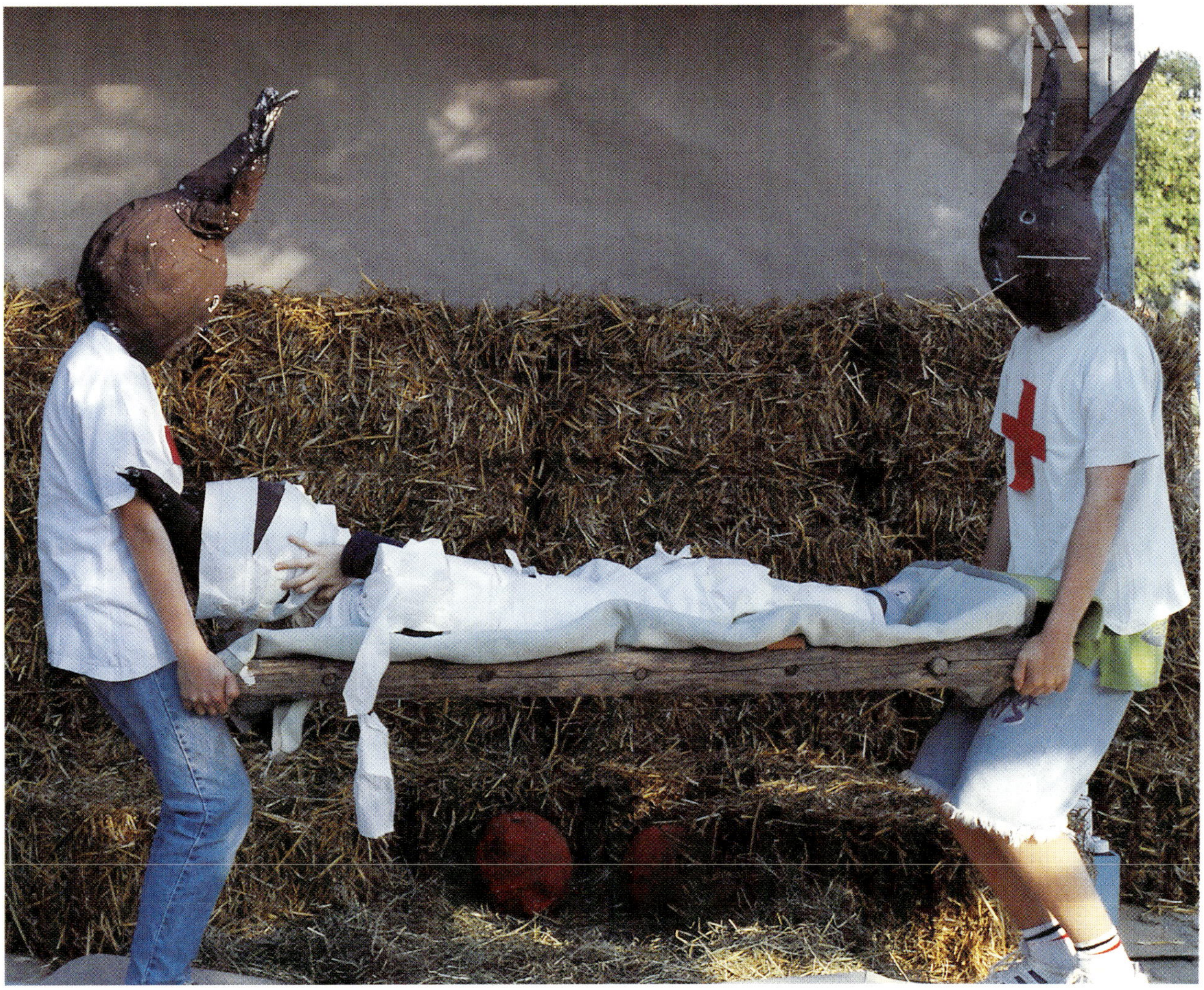

In diesem Moment ist von hinten ein fürchterliches Blecheimergepolter zu hören.

Nanu. Das klang aber nicht sehr gut.

Steigt scheinbar aus der Rolle aus und ruft nach hinten.

Alles in Ordnung?

Wendet sich wieder ans Publikum.

Eigentlich sollte an dieser Stelle Thomas Gottschalk als Osterhase verkleidet auftreten. Es war nicht ganz leicht, ihn zu engagieren, aber als wir ihm von unserem tollen Publikum erzählt haben, hat er doch zugesagt. Es wird ihm doch wohl nichts passiert sein?

Zwei Sanitäterhasen tragen einen mit Verbänden völlig unkenntlich gemachten Hasen auf einer Trage herein. Nur die Hasenohren schauen aus dem Kopfverband. Bleiben stumm vor der Hasenbühne stehen.
Pfingsthuhn präsentiert marktschreierisch, beifallheischend den Hasen auf der Trage.

Hochverehrtes Publikum. Thomas Gottschalk. Hier bei uns in seiner Traumrolle als Osterhase!

Die Sanitäterhasen gehen einmal an der Hasenbühne vorbei und wieder ab.

Was für ein Tag! Thomas Gottschalk hier bei uns in der Schule! Aber jetzt weiter im Text. Wie Sie ja alle gesehen haben, ist der Osterhase schwer verletzt. Aber wie ich Thomas Gottschalk kenne, wird er sich bald wieder aufrappeln. Wenden wir uns also einem anderen Schauplatz zu – dem Himmel. Genauer gesagt der Himmelswerkstatt, in der es zu dieser Jahreszeit natürlich geruhsam zugeht. *(zieht den Himmelsvorhang auf)*

Zweites Bild: Himmelswerkstatt.
Im Radio dudeln Weihnachtslieder; der Nikolaus/Weihnachtsmann sitzt am PC, nimmt per Telefon Bestellungen auf, leitet sie weiter, usw. Auch hier arbeiten mehrere Helfer gleichzeitig. (Stempeln am Tisch Weihnachtsbriefe ab, legen dem Nikolaus neues Spielzeug zum Begutachten vor, berichten, dass zwei Rentiere lahmen, usw.)
Ein „Hasenpostbote" drängelt sich durchs Publikum, um der Himmelswerkstatt ein Telegramm vom Osterhasen zu bringen.

Nikolaus: *(liest vor)* Lieber Nikolaus – stopp – Hatte einen Unfall und kann Ostern in diesem Jahr nicht arbeiten – stopp – Kannst du für mich einspringen? – stopp – Du findest alles, was du brauchst, in meiner Werkstatt –stopp – Auf eine schnelle Zusage hofft – dein Osterhase!

Der Postbote wartet die Antwort des Nikolaus ab.
Der Nikolaus beschließt spontan einzuspringen und schickt den Posthasen, um die Nachricht zu überbringen. Der macht sich durchs Publikum auf den Rückweg und verschwindet hinter dem

Hasenwerkstattvorhang.
Der Nikolaus trifft die letzten Reisevorbereitungen (Weihnachtssack packen) und macht sich auf den Weg.

Drittes Bild: Hasenwerkstatt

Dialogbeispiele der Hasen:

... Hier wird das Moos für den Nestbau angeliefert.

... Auch in diesem Jahr haben wir uns wieder für die traditionell bunten Farben entschieden.

Dem Nikolaus wird die Werkstatt erklärt.

Der Nikolaus prüft das trockene Moos wenig begeistert.

Der Nikolaus prüft ein rotes Ei und verschmiert sich dabei die Finger, usw.

... Mit der Lieferung der frischen Eier sind wir etwas im Verzug. Die Eier müssen jetzt der neuen europäischen Osterhasennorm entsprechen, und das bereitet noch Anpassungsschwierigkeiten ... *(usw.)*

Der Nikolaus lässt eine Betriebsversammlung einberufen und verkündet, dass unter seiner Verantwortung zum kommenden Osterfest einige Veränderungen vorgenommen werden sollen.

Dialogbeispiele für Nikolaus:

... Statt der grellbunten Farben schlage ich Goldfarbe vor. Vielleicht mit silbernen Sternchen oder so.

... Zum Nesterbauen macht sich frisches Tannengrün doch besser als das vertrocknete Mooszeug.

... Was haltet ihr davon, die Osternester mit ein paar Kerzen zu verschönern?

... Liegen auch genug Pfeffernüsse am Lager?

Noch während die Hasenbelegschaft die Veränderungsvorschläge lautstark und hitzig diskutiert, zieht das Pfingsthuhn den Vorhang zu und wendet sich an die Zuschauer.

Pfingsthuhn: Liebe Gäste, falls eure Osternester in diesem Jahr also etwas anders als gewöhnlich aussehen sollten, seid ihr in der Tat die Einzigen, die wissen, warum das so ist. Moment, vielleicht haben wir ja schon ein schönes Osternest ...

Schaut hinter den Vorhang. Von dort ist ein wildes Gehopse zu hören. Wendet sich an die Zuschauer, zögerlich nach einer Erklärung suchend.

Also, äh ..., die üben. Ich meine, wie soll ich sagen ... Sie versuchen gerade, dem Nikolaus das richtige Hasenhüpfen beizubringen. Also, ich muss sagen ...

Schaut noch einmal hinter den Vorhang.

Im Hasenhüpfen ist der Nikolaus nicht sehr begabt ...

Schaut wieder hinter den Vorhang und ruft:

Habt ihr schon ein paar diesjährige Osternester fertig?

Bekommt ein entsprechend üppig dekoriertes Adventskranznest gereicht und präsentiert es den Zuschauern.

Unsere diesjährigen Osternester. Kommen mir irgendwie bekannt vor ... Sind sicher etwas schwieriger zu verstecken, dafür passt aber 'ne Menge Zeug rein. Bevor wir uns nun gemeinsam ans Nesterplündern machen, möchte ich zum Schluss auch die vereinigten Osterhasen und Nikoläuse zu uns bitten.

Beide Vorhänge öffnen sich zum Schlussapplaus.

KNISTER/Lohf: „Theater – Spielbuch für Kinder", © Ravensburger Buchverlag 1997

So werden die Osterhasenköpfe und Eier gemacht:
Man braucht dazu Luftballons, eine große Menge Zeitungspapier, Kleister, einen Eimer zum Anrühren, Farben, Pinsel, Malerkrepp, Folie.
Zuerst werden die benötigten Luftballons größer aufgeblasen, als die Köpfe der Kinder sind, und dann verknotet.
Der Kleister wird in dem Eimer angerührt und eine halbe Stunde lang stehen gelassen. Inzwischen wird das Zeitungspapier in lange schmale Streifen gerissen.
Dann wird Streifen für Streifen auf einer Unterlage aus Folie mit dem Kleister eingepinselt und auf die Luftballons geklebt. Vier bis fünf Lagen der Papierstreifen müssen so übereinander geklebt werden.

Die **Hasenohren** werden zunächst einmal aus einem großen Bogen Zeitungspapier aufgerollt, mit Malerkrepp umwickelt und dann mit eingekleisterten Papierstreifen am Kopf befestigt.
Das gelingt am besten, wenn die Köpfe schon etwas vorgetrocknet sind. Wenn die Hasenköpfe samt der Ohren fertig sind, lässt man alles gut durchtrocknen.

In die getrockneten Köpfe werden mit einem Papiermesser Löcher für die Augen geschnitten. Dann wird alles braun angemalt. Die Hasen bekommen noch Barthaare aus Holzstäbchen oder aus Schnur.

Die **Sanitäterhasen** tragen T-Shirts mit einem roten Kreuz aus Buntpapier, das mit doppelseitigem Klebeband befestigt wird.

Wenn man Glück hat, kann man sich irgendwo ein Weihnachtsmannkostüm leihen. Sonst kann der **Weihnachtsmann** auch einen roten Bademantel oder Ähnliches tragen.

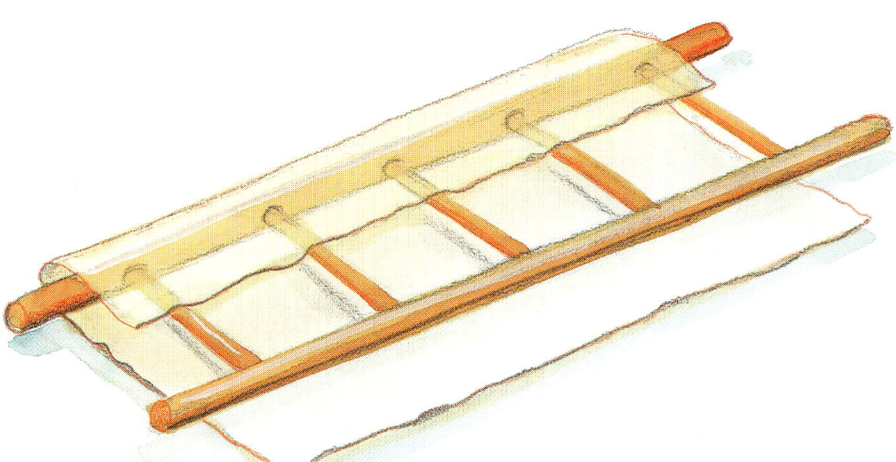

Die **Trage,** auf der „Thomas Gottschalk" getragen wird, besteht aus einer kurzen Holzleiter (eine Aluleiter geht auch!), die mit einer Decke bespannt wurde.

Die **Bandagen** sind aus Klopapier. Er wird damit komplett eingewickelt.

Der glückliche Pechvogel

Ein Stück für ein bis zwei Kinder

Allgemein: Das Pechvogelstück ist eigentlich eher als Muster gedacht, nach dem von den Kindern eigene „Pechsträhnen-Theaterstücke“ entwickelt werden. Der eigentliche Spaß entsteht also beim Entwickeln und Spielen der Erzählketten. Damit auch Zuschauer (Elternabend?) auf ihre Kosten kommen, können, wie beim vorgegebenen Muster, der Anfang und der Schluss des Stückes nach Art einer Zusammenfassung übernommen werden.

Regie: Beim Entwickeln eigener Pechsträhnen hat es sich bewährt, dass nur die Stationen der Pechsträhne gemeinsam entwickelt und festgelegt werden. Bei der Aufführung/Spiel muss der Erzähler dann nur die Stationen vorlesen und kommentieren und lässt die Kinder den Rest improvisieren.

Rolle: Bärbel.

Requisiten: Schirm, Brieftasche, Stuhl, Decke, Spielgeld.

Der glückliche Pechvogel

Erzähler: Es war einmal ein Pechvogel, der sehr, sehr unglücklich war.

Pechvogel sitzt traurig da.

Und warum war er traurig?

Pechvogel: Weil ich immer nur Glück habe!

Erzähler: Könnt ihr euch vorstellen, wie langweilig das Leben ist, wenn man immer nur Glück hat?

Pechvogel schüttelt den Kopf.

Egal, was ihr auch anstellt, alles geht glücklich aus. Manchmal muss man nur auf sein Glück warten.
Stellt euch vor, eure Freundin will euch besuchen. Ihr sitzt zu Hause und wartet. Da klingelt das Telefon.

Auftritt Bärbel.
Geräuschband: Telefonklingel.

Bärbel: *(telefoniert)* Ach das tut mir Leid ... Ist deine Mama denn sehr krank? ... Und wenn du einfach zu Fuß zu mir kommst? ... Ach, du willst deine Mama nicht allein lassen ... Verstehe ...

Erzähler: Da hat Bärbel wohl Pech gehabt, oder?

Bärbel: *(enttäuscht)* Das ist schade. Ich hatte mich so gefreut, dass du kommst.

Erzähler: Wartet's nur ab!

Bärbel: Was hältst du davon, wenn ich dich besuche? ... Nein, ich kann zu Fuß gehen. ... Ach, es regnet in Strömen?

Erzähler: Auch noch Regen, so ein Pech.

Bärbel: Nein, der Regen macht mir wirklich nichts aus. Es ist nur ... ich habe doch heute Morgen meine Regenjacke in der Schule hängen lassen.

Erzähler: Auch das noch.

Bärbel: Aber vielleicht leiht Mama mir ja ihren Schirm.

Bärbel kleidet sich an, nimmt den Regenschirm und macht sich auf den Weg.

Erzähler: Es ist stürmisch und nasskalt. Der Wind packt Bärbels Regenschirm. Aber sie will den Schirm nicht loslassen, und so treibt der Wind Bärbel vor sich her. Endlich lässt der Wind nach. Erst jetzt bemerkt Bärbel, dass sie sich total verlaufen hat. Und die Arme weiß nicht mehr, wo sie ist. Aber was liegt denn dort auf dem Bürgersteig?

Bärbel spielt die Erzählung nach.

Bärbel: He, eine Brieftasche, wer die wohl verloren hat?

Der glückliche Pechvogel

Erzähler: Und schon verwandelt sich Bärbels Pech in großes Glück. In der Brieftasche ist natürlich wahnsinnig viel Geld, und Bärbel bekommt einen riesigen Finderlohn.

Pechvogel: Wäre ihre Freundin nicht verhindert gewesen, ...

Erzähler: ... hätte Bärbel sie nicht besuchen müssen.

Pechvogel: Hätte es nicht geregnet, ...

Erzähler: ... hätte sie keine Regenjacke gebraucht.

Pechvogel: Hätte sie ihre Regenjacke nicht in der Schule vergessen ...

Bärbel: ... hätte ich keinen Schirm gebraucht!

Pechvogel: Wäre es nicht so stürmisch gewesen, ...

Erzähler: ... hätte Bärbel nicht aus Sorge um den Schirm vor dem Wind herlaufen müssen.

Pechvogel: Und hätte, hätte, hätte, sie nicht all dieses Pech gehabt, ...

Erzähler: ... wäre daraus niemals dieses Brieftaschenglück geworden.

Pechvogel: Ja, so ist das mit uns Pechvögeln. Zuerst sieht es immer nach einem Riesenpech aus, und zum Schluss wird daraus ein Riesenglück. Einfach langweilig! Wir sind schon arm dran, wir Pechvögel.

So werden die Kostüme gemacht:
Unser **Pechvogel** ist ganz schwarz gekleidet. Außerdem trägt er einen schwarzen Hut mit einem langen gelben Schnabel.
Aus gelbem Tonkarton schneidet man den Schnabel aus und klebt ihn mit doppelseitigem Klebeband an dem Hut fest. Außerdem befestigt man mit Klebeband einige Federn an dem schwarzen Hut.
Der Pechvogel braucht noch Spielgeld. Einen 1000-Mark-Schein (Spielgeld) auf dem Kopierer so vergrößern, dass er von den Zuschauern gut erkannt werden kann.
Der **Erzähler** trägt eine graue Perücke und eine Brille.

Wir spielen Talkshow

Stück für fünf bis zwanzig Kinder

Regie: Möglichst nicht zu eng an den vorgegebenen Text halten. Er ist nur als Anregung und Gerüst gedacht. Improvisieren und auf die Zuschauer reagieren, machen das Stück lebendiger.
Falls mehr Mitspieler beschäftigt werden sollen, können leicht weitere Rollen hinzugefügt werden. Denkbar (und dankbar) sind z. B.: Kameraleute (die sich stetig durch die Reihen zwängen müssen); Zuschauer (die an den falschen Stellen lachen und vom Einheizer gemaßregelt werden); Feuerwehrleute (mit kleiner Brandschutzübung); Maskenbildnerin (kommt immer wieder zum Abpudern ins Publikum) und vieles mehr.

Rollen: Einheizer, Regisseur, Quasselfrei, Priemspol, Papagei.

Bühnenbild: Deko nach Belieben; Sofa oder Stühle für drei Personen.

Requisite: Zwei Kassettenrekorder, eine Kassette mit Geräuschen, eine Kassette mit Musik, Mikrofon (Attrappe), Schilder mit der Aufschrift: „Beifall", „tosender Beifall", „Ekstase", „Buh", „Aufhören".

Kostüme: ein Papageienkostüm, sonst nach Belieben.

Geräuschband: Die Geräusche werden der Reihenfolge entsprechend auf eine Leerkassette aufgenommen, mit jeweils zwei Sekunden Zwischenpause.

Einheizer: *(tritt auf)* Guten Tag, liebe Gäste.

Musik. Licht an.
Musik langsam ausblenden.

Ich begrüße Sie alle ganz herzlich und beglückwünsche Sie, dass Sie zu den wenigen Auserwählten gehören, die bei unserer beliebten Talkshow „Quatsch und Quatscherei" live dabei sein dürfen. Unseren Talkmaster brauche ich Ihnen nicht vorzustellen. Aber – in aller Bescheidenheit –, ich bin ohnehin wichtiger als er.

Zupft sich selbstbewusst Flusen vom Jacket.

Ich bin Ihr Einheizer.
Nun, all denen, die Talkshows immer nur vom Fernsehsessel aus beigewohnt haben, muss ich kurz meine wichtige Aufgabe erklären.
Wie bei allen Talkshows dürfen auch wir nichts dem Zufall überlassen. Ich entscheide für Sie, wann Sie lachen wollen. *(ganz unvermittelt)* Ist das nicht Spitze?

Geht zum linken Rand der Bühne/ Spielfläche.

Hier liegen auch die Hinweisschilder.
Vertrauen Sie sich mir an. Ich weiß ohnehin besser als Sie, wann Sie etwas lustig finden.
Sehen Sie, dafür haben wir unsere Schilder.
(zeigt einige) Damit später auch alles richtig klappt, wollen wir jetzt einmal üben ...

Der Regisseur stürmt herein.

Regisseur: *(unterbricht barsch, vorwurfsvoll)* Aber Heinz! Ich habe dir schon so oft gesagt, nicht so weit links. Das sieht nicht gut aus. Es muss alles ausgeglichen sein, mehr in der Mitte.

Schiebt den Einheizer in die Mitte vor die Spielfläche.

Einheizer: Aber ich bin doch später gar nicht zu sehen ...

Regisseur: Ausgeglichen. In der Mitte, verstehst du!

Einheizer: Aber wenn wir auf Sendung sind, sieht man mich doch nicht, ich meine, wir proben doch erst, und da ist es doch ...

Regisseur: *(aufbrausend)* Ich bin der Regisseur! Und wenn ich sage, in der Mitte, dann meine ich in der Mitte!

Dreht sich um und wendet sich an die Zuschauer in der ersten Reihe.

Pickt sich zwei Nebeneinandersitzende heraus.

Und was sehe ich denn hier? – Also ein roter Pullover neben einer grünen Jacke, das sieht ja unmöglich aus! Können Sie sich nicht etwas anderes anziehen? – *(improvisiert)* Haben Sie nicht zufällig ein anderes Hemd dabei? Vielleicht etwas mit Blumen oder so? – Also, so geht das auf keinen Fall! Wenn Sie sich nicht umkleiden können, müssen Sie mit dem Herrn/der Dame in der dritten Reihe tauschen. Das sieht ja sonst farblich unmöglich aus! *(geht ab)*

Diese Spielphase muss improvisiert werden. Der Einheizer hält nacheinander verschiedene Schilder hoch. Natürlich sollen die Zuschauer als Mitspieler kräftig motiviert werden. Aber darauf achten, dass nicht überreizt wird!

Regisseur: *(ruft für das Publikum nicht sichtbar)* Ich glaube, das reicht! Wir müssen anfangen, die Zeit läuft uns davon!

Einheizer: So, das klappt ja jetzt hervorragend! *(marktschreierisch)* Hochverehrtes Publikum, meine Damen und Herren! Ich bitte um Ihre geschätzte Aufmerksamkeit für unsere Talkmeisterin Constanze Quasselfrei! *(bzw. „unseren Talkmeister Cornelius Quasselfrei!")*

Der Einheizer gibt die Bühne frei und postiert sich für alle gut sichtbar, um seine Schilder zu präsentieren.
Schild: „Beifall".
Quasselfrei tänzelt beifallheischend auf die Bühne.
Schilder „Beifall" und „Ekstase" gleichzeitig.
Weitere Aktionen des Einheizers werden improvisiert.

Quasselfrei: Genug, genug, genug! *(winkt stärker ab)* Danke, danke, danke! *(winkt weiterhin ab)* Genug! Sie quirlen mir ja den ganzen Mief nach vorn.
Willkommen hier in unserer Talkshow. Wie Sie von uns erwarten dürfen, haben wir für Sie wieder einen ganz besonderen Gast eingeladen. Genau genommen sind es zwei.
Bitte heißen Sie herzlich willkommen – live – hier bei uns in *(Name der Sendung nennen)* – Herrn Priemspol und seinen Papagei!

Herr Priemspol wird von hinten regelrecht auf die Bühne gestoßen und stolpert so (gefolgt von seinem Papagei) auf die Spielfläche.
Quasselfrei schüttelt seine Hand.

Schön, dass Sie zu uns gefunden haben. Ich freue ...

Priemspol: Wieso? Das war doch ganz einfach. Aus der Haustür heraus und den Gehweg links. An der Ampelkreuzung rechts, dann am Hallenbad vorbei bis zur Bushaltestelle. Von dort aus mit der Linie ...

Quasselfrei: Schon gut, so war das doch nicht gemeint. Nehmen Sie doch bitte Platz. *(an den Papagei gewandt)* Und Sie vielleicht hier.

Priemspol: Nein. Das ist nicht gut. Sie hört auf dem linken Ohr so schlecht.

Die zwei tauschen umständlich die Plätze.

Quasselfrei: Jetzt haben Sie schon verraten, dass es sich bei Ihrem Papagei um eine *Sie* handelt. Bitte stellen Sie sie uns doch vor. Oder nein, vielleicht noch besser, *(an den Papagei)* Sie können sich doch sicher selbst vorstellen?

Priemspol: *(springt empört auf)* Also das kommt nicht in Frage! Das war nicht abgesprochen. Vorstellen – das ist meine Sache. Der Vogel bildet sich womöglich sonst noch etwas ein. *(fast privat an Quasselfrei)* Er ist ohnehin schon so eingebildet und bildet sich einen Stiefel auf seine Quasselei ein, wissen Sie.

Der Papagei steht auf und macht stepptanzartige Bewegungen, bei denen er besonders seine Gummistiefel betont.

Quasselfrei: Also dann ...

Priemspol: Nun, sie heißt Nostosjo Pratapapav.

Quasselfrei: Nicht gerade ein gewöhnlicher Name. Wie kam es dazu?

Priemspol: Nun, um ehrlich zu sein, eigentlich heißt sie Nastasja Protopopov, aber wir fanden beide Nostosjo Pratapapav klingt besser als Nastasja Protopopov. Darum heißt sie jetzt Nostosjo Pratapapav.

Die Namen müssen gut geübt werden, damit Herr Priemspol sie ganz sicher und besonders schnell aussprechen kann. Dann wirkt diese Passage besonders komisch.

Quasselfrei: Interessant! Kommen wir nun endlich zu ihrem Papagei. In Ihrem Brief haben Sie uns von seiner überdurchschnittlichen Sprachbegabung geschrieben. So schilderten Sie, dass er ...

Priemspol: Sie!

Quasselfrei: Entschuldigen Sie, sie – also dass sie in sieben verschiedenen Sprachen „Guten Tag! Ich heiße Nostosjo ...“ – ich weiß nicht mehr wie – sagen kann.

Priemspol: Nostosjo Pratapapav. Richtig. Das kann sie. Das ist eine ihrer leichtesten Übungen.

Quasselfrei: *(auffordernd)* Nun, wir sind natürlich alle gespannt.

Priemspol: Aber ja.

Quasselfrei: Also, würden Sie sie vielleicht bitten ...

Priemspol: Sie müssen wissen, als ich sie bekam, war sie dumm. Wirklich saudumm.

Geräuschband: Schweinegrunzen.

Aber durch mein ausgefeiltes Trainingsprogramm und mein tägliches Üben ...

Obwohl das Grunzen wirklich laut zu hören ist, wird es von den beiden absolut nicht wahrgenommen.

Quasselfrei: Entschuldigen Sie, aber wir alle warten natürlich darauf, ihr Sprechwunder endlich selbst einmal zu hören.

Priemspol: Nichts leichter als das. Nostosjo, würdest du vielleicht zu Beginn einmal „Guten Tag, liebe Leute" in einem südjapanischen Hochdialekt sagen?

Geräuschband: Vorbeidonnerndes Düsenflugzeug.

Quasselfrei: Kann die Regie bitte dafür sorgen, dass das Fenster geschlossen bleibt. Bei dem Lärm versteht man ja sein eigenes Wort nicht.

Regisseur: Alle Fenster sind geschlossen, Frau *(bzw. Herr)* Quasselfrei.

Die Regie spricht für die Zuschauer nicht sichtbar hinter den Kulissen. Die Stimme sollte möglichst technisch klingen. Eventuell mit zugekniffener Nase.

Priemspol: *(zurückhaltend)* Ich glaube, das war Nostosjo ...

Quasselfrei: Ich habe leider nicht verstehen können. Vielleicht ist Ihr Papagei so nett und wiederholt seine Begrüßung.

Geräuschband: Baustellenlärm/ Presslufthammergetöse.

Quasselfrei: Das geht jetzt aber zu weit! *(ärgerlich)* Kann die Regie nicht für Ruhe sorgen? Was sind denn das für Arbeitsbedingungen!

Geräuschband: Erneut Baustellenlärm/Presslufthammergetöse.

Regisseur: Es tut uns Leid, Frau *(bzw. Herr)* Quasselfrei, aber wir haben den Eindruck, das Gehämmer kommt aus dem Aufnahmeraum ...

Priemspol: *(räuspert sich verlegen)* Ich habe es doch schon gesagt. Das war sie.

Ende des Baustellenlärms.

Quasselfrei: Wollen Sie damit sagen, dass Natosja ...

Priemspol: Nostosjo Pratapapav.

Quasselfrei: Also, dass Ihr Papagei diese Geräusche ...?

Priemspol: Sie ist manchmal etwa launisch, wissen Sie.

Quasselfrei: Aber unsere Gäste wollen sie sprechen hören!

Priemspol: *(bittend)* Nostosjo, sag doch was.

Quasselfrei: *(ungeduldig)* Wir warten ...

Priemspol: *(flehend)* Bitte, Nostosjo, sag etwas. Ich hab dir auch ein Leckerchen mitgebracht.

Zieht eine Flasche Whiskey, einen sauren Hering oder irgendetwas Verrücktes aus der Jacke.

Also komm! Lass mich nicht im Stich!

Geräuschband: Silvesterknallen, Glockengeläut usw.

Quasselfrei: *(aufmunternd)* Komm, tu es für unsere Gäste.

Priemspol: *(bettelt)* Bitte, bitte! Sei vernünftig, Nostosjo. Du darfst auch heute Abend ganz lange fernsehen.

Geräuschband: Erkennungsmelodie bekannter Fernsehshows, z. B.: Lindenstraße, Sendung mit der Maus, Tagesschau usw.

Quasselfrei: *(leicht sauer)* In unserer Talkshow sind meine Gäste es gewohnt, dass ihnen etwas wirklich Besonderes geboten wird. Nicht ein Papagei, der nur lächerliche Musik und Geräusche machen kann.

Geräuschband Ende.

Priemspol: Ich verstehe Sie ja! Bitte Nostosjolein, mein süßer Schnurzeburbs, sag doch wenigstens „Guten Tag" – von mir aus auch auf Deutsch.

Jetzt steht der Papagei auf und macht Anstalten, als ob er wirklich sprechen wollte. Die Mitspieler schauen ihn erwartungsvoll an. Er geht ein paar Schritte vor dem Sofa hin und her. Auch der Regisseur und die anderen Mitspieler kommen herbei und stellen sich erwartungsvoll an den Bühnenrand.

Quasselfrei: Unsere Gäste erwarten etwas Besonderes!

Der Papagei nickt mit dem Kopf.
Geräuschband: Muhh!
Quasselfrei ist verärgert.

Das geht ja wohl auf keine Kuhhaut! Liebe Gäste, ich muss mich bei Ihnen für meinen dämlichen Gast entschuldigen. Nicht einmal sprechen kann er. Fehlt nur noch, dass er gleich anfängt, mit Kokosnüssen zu jonglieren.

Geräuschband: Eine wirre Folge der verrücktesten Geräusche, die zu finden sind: Dampfertuten, Klosettspülung, Bremsenkreischen usw.

Bevor er womöglich noch Feuer spuckt oder ähnlichen Kinderkram anstellt, will ich mich von Ihnen verabschieden. Ich verspreche Ihnen aber schon jetzt, dass Sie bei meiner nächsten Talkshow wieder voll auf Ihre Kosten kommen!

Einheizer: *(bringt das Schild: „Beifall")* Ade, tschüss, goodbye, auf Wiedersehen!

Alle drei gehen ab. Vorhang.
Der Papagei kommt allein zurück auf die Bühne. Er verbeugt sich und wendet sich ans Publikum.

Papagei: Es tut mir sehr Leid, wenn ich einige von Ihnen vielleicht enttäuscht habe. Es ist nur ... Also, ich habe gerade eine kleine Meinungsverschiedenheit mit meinem Herrchen. Und für alle, die immer noch nicht von meiner Redekunst überzeugt sind ... Vielleicht ein Original-Papageienwitz? Sie wissen ja, nur wo Papagei drauf steht, ist auch Papagei drin!

Wartet auf Zustimmung.

Kommt ein Mann in eine Tierhandlung und erkundigt sich nach sprechenden Papageien. „Suchen Sie sich einen aus", sagt der Verkäufer. „Kannst du sprechen?", fragt der Mann den ersten Papagei, aber er bekommt keine Antwort. „Kannst du sprechen?", fragt er den zweiten Papagei. Wieder bekommt er keine Antwort. Schließlich kommt er zum siebenundzwanzigsten und damit auch letzten Papagei der Tierhandlung. „Kannst du sprechen?", fragt er aufs Neue. Der Papagei wiegt seinen Kopf hin und her und antwortet schließlich: „Ich schon, aber kannst du fliegen?" *(verbeugt sich und geht ab)*

Vorhang und Ende.

Vorschläge für weitere Talkshowgäste:
– Annamarie Schreck-Prinzenfuß
Beruf: Rekordbrecherin (Hindernisschlafen, Dauerfahrstuhlfahren, Atlantiküberquerung mit dem Fahrrad usw.)
– Bruno Krotschberniszak
Beruf: Verbraucherberater und Geschäftsführer eines ungewöhnlichen Testinstituts, in dem Alltagsgegenstände auf unsinnige Verwendungsarten getestet werden (Sahnetorten auf Schlagfestigkeit, Filzpantoffeln auf Bergtauglichkeit, verschiedene Arten von Pflastersteinen auf Geschmack und Bekömmlichkeit usw.)
– Alfonso Bratolini mit seiner singenden Schlagbohrmaschine

So wird der Papageienkopf gemacht:
Man braucht dazu Luftballon, Kleister, Pinsel, Buntpapier, Federn, Klebstoff, Pappe, Schere, Papiermesser.
Zuerst wird der Kleister in einem Eimer angerührt. Dann wird der Luftballon aufgeblasen und verknotet.
Das Buntpapier wird in Streifen gerissen, eingekleistert und Schicht für Schicht auf den Luftballon geklebt.
Dort, wo später der Schnabel sitzen soll, wird mit dem Kleister ein tennisballgroßes geknülltes Stück Papier aufgeklebt.

Aus Pappe wird der **Schnabel,** so wie hier auf der Zeichnung zu sehen ist, ausgeschnitten und zusammengeklebt.
Nachdem der Schnabel bemalt wurde, klebt man ihn am Papageienkopf fest.

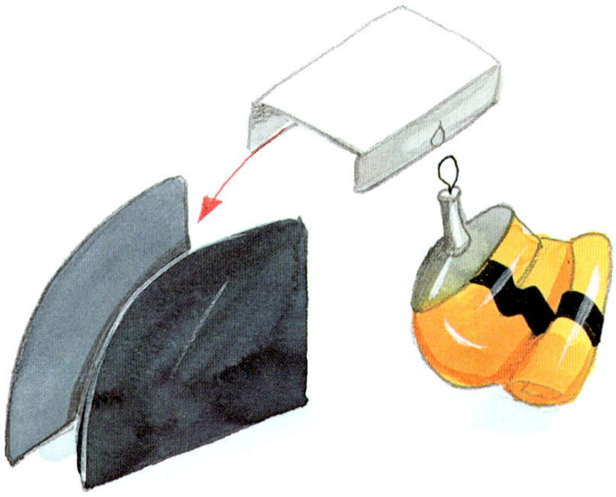

Derjenige, der den Papagei spielt, setzt sich den Kopf auf und bekommt noch einen **Umhang,** der eventuell mit Federn beklebt wurde.

Ein **Mikrofon** für den Interviewer kann man aus einer langen Schnur und einer leeren Klorolle mit aufgeklebter Styroporkugel basteln.

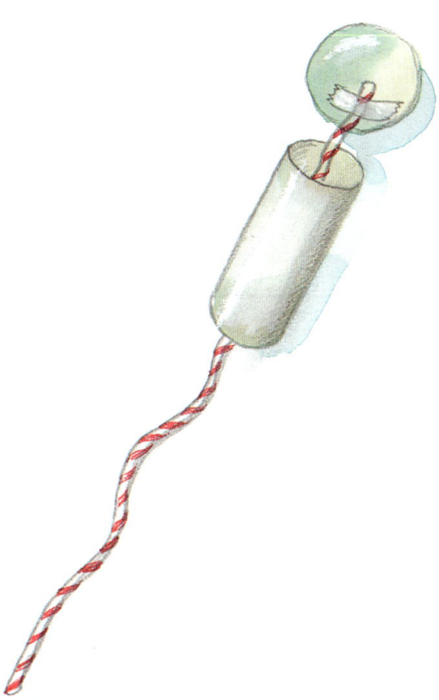

Ekstase

Kasperle, Lucky Luke und Supermann retten das Universum

Ein Stück für zwölf Kinder

Allgemein: Spieler, Spielerinnen und Publikum müssen alt genug sein, um die große Portion Ironie, mit der das Stück gewürzt ist, zu verstehen. Um die ausnahmslos männlichen Helden zu konterkarieren, sollten bei der Rollenbesetzung die Mädchen besonders bedacht werden.

Regie: Alle Figuren sollten wirklich überzeichnet dargestellt werden. Da es bei den Dialogen oft auf Sprachwitz ankommt, unbedingt auf gute Sprachverständlichkeit achten. In der Dialogfolge Zeit lassen und langsam sprechen!

Rollen: Asterix, Obelix, Cäsar, Supermann, Lucky Luke, Kasperle, Popeye, Olivia, vier Daltons.

Kostüme: Den Comicvorlagen entsprechend. Genau bis karikiert.

Geräuschbänder: Pompöse Film- oder Orchestermusik für Supermann; für die Lucky-Luke-Musik möglichst Original-Filmmusik, gesungen von Freddy Quinn: „Junge komm bald wieder".

Requisiten: Steckenpferd, langer Grashalm, Strick, Riesenpritsche, vier Spielzeugpistolen.

Erzähler: *(flammende Rede)* Willkommen zum Tag der Gerechtigkeit. Ein großer Tag fürwahr. Heute wollen wir das Universum retten und die ewig Unterdrückten triumphieren lassen. Wie oft haben sie sich vergeblich aufgelehnt? Karies gegen die Zahnbürste, Schüler gegen die Lehrer, Achselschweiß gegen das Deo? Dem ungerechten Treiben soll ein Ende bereitet werden! Es ist uns gelungen, für unsere Sache einen wahrlich beispielhaften Streiter zu gewinnen, der so oft mit Intelligenz und Witz den Übermächtigen trotzte. Ich bitte euch, mit einem Applaus willkommen zu heißen: Asterix, den Gallier, und seinen gewichtigen Freund Obelix!

Bei den nachfolgenden Auftritten präsentieren sich die Helden ihrem Charakter entsprechend. Sie lassen sich feiern. Dabei werden sie, falls nötig, vom Erzähler unterstützt.

Auftritt der Gallier. Lassen sich vom Publikum feiern. Anschließend zurück auf die Bühne.

Wir sind stolz darauf, *(übertrieben)* so berühmte Kämpfer wie euch zwei an unserer Seite zu wissen. Was soll da ...

Wird unterbrochen von einer überlauten, pompösen Musik. Musikband: Supermann.
Kurze Ratlosigkeit auf der Bühne, dann Auftritt Supermann. Lässt sich feiern.

Supermann: Da bin ich! Wie immer zur Stelle, wenn es um die Rettung des Universums geht.

Erzähler: *(verunsichert)* Ja, wir freuen uns natürlich. Schließlich ist es wirklich eine große Sache, die wir uns vorgenommen haben.

Supermann: Große Dinge fordern große Männer! Wer sollte größer sein als ich, Supermann?!

Obelix: Seit wann tragen die Römer so komische Helme?

Asterix: Du hast Recht. Solche großen Töne kennen wir sonst nur aus Rom.

Supermann: Wer sind die Zwei? Führen sie Krypton im Schilde?

Erzähler: Nein, sicher nicht. Das hat der Innenminister ausdrücklich verboten! Ich will euch bekannt machen. Also das hier ist Supermann ...

Supermann: *Der* Supermann, ihr versteht.

Erzähler: ... und das hier sind Asterix und Obelix, die unbeugsamen Freiheitskämpfer eines berühmten gallischen ...

Wird von Westernmusik unterbrochen. Gleichzeitig mit der Musik – Auftritt Lucky Luke. Er reitet auf seinem Steckenpferd lässig von der Rückseite des Raumes durch das Publikum zur Bühne. Lässt sich feiern.

Lucky: Hi, Leute. Bin unterwegs, um für das Gute zu streiten. Komme hier zufällig vorbei. Gibt's zufällig was zu tun für mich?

Stellt sich lässig grashalmkauend an den linken Bühnenrand.

Erzähler: Das ist ja unglaublich. So ein Zufall. Herzlich willkommen Lucky Luke. Für die Aufgabe, die wir uns gestellt haben, ist uns jeder Streiter recht.

Obelix: Sucht der etwa Streit?

Supermann: *(drängt sich vor)* Streit? Wo? Ist Krypton im Spiel? *(ans Publikum)* Krypton ist meine schwache Seite, da reagiere ich allergisch – aber bitte nicht weitersagen.

Erzähler: Wer wird sich denn streiten wollen? Schließlich sitzen wir doch alle in einem Boot.

Auftritt Popeye. Quert praktisch nur einmal die Bühne.

Popeye: Boot! Boot! Wer sitzt in meinem Boot? Olivia?! Niemand sonst darf in meinem Boot sitzen! Wenn ich helfen kann, müsst ihr's nur sagen. Bin gleich wieder da. Muss nur erst meinen Spinat essen! *(geht ab)*

Erzähler: Wo kam der jetzt her? Und wieso ist er so schnell wieder weg?

Lucky: *(tritt an den Bühnenrand und singt zu Playback)* Junge komm bald wieder, bald wieder ... denk auch an mich.

Musikband so geschnitten, dass es gleich mit Gesang losgeht.
Wenn die Zeile zu Ende gesungen ist, stürmen die Daltons herein. Sie haben Lucky offensichtlich noch nicht entdeckt und nehmen gleich einige Zuschauer als Geiseln, um Geld zu erpressen.

Oh je, die Daltons! Hier muss wohl ein Gefängnis in der Nähe sein!

Lucky bindet sie mit einem einzigen Strick zusammen und befördert sie auf die Bühne. Stellt sich dann ganz cool zurück auf seine Bühnenseite.

Erzähler: Also jetzt, wo wir die guten Helden beisammen haben, kann ja wirklich nichts mehr schief gehen.

Ans Publikum gewandt.

Können wir endlich anfangen? Seid ihr alle da?

Auf dieses Stichwort stürmt Kasperle herein. Er ist wie immer entsetzlich gut gelaunt – und verdrischt lachend und fröhlich alles, was ihm vor seine Riesenpritsche kommt. Das tut er so tolldreist, dass es ihm auch „die Guten" nicht übel nehmen.

Kasperle: Tri, tra, trullalla! Tri, tra, trullalla! Kasperle ist wieder da, Kasperle ist wieder da! Na, Kinder. Seid ihr auch alle da? Tri, tra, trullalla! *(usw.)*

Erzähler: Ach, der gute alte Kasperle. Dass es den immer noch gibt!

Obelix: Wer ist das denn?

Kasperle: *(pritscht Obelix links und rechts auf den Bauch)* Ich bin der Kasperle. Tri, tra, trullalla! ...

Obelix: Die spinnen, die Kasperle.

Supermann: Wieso die Kasperle? Gibt's noch mehr von denen?

Asterix: Das meint er nicht so!

Obelix: Wer?

Asterix: Schon gut.

Obelix: Nicht gut! Wenn's Römer zu verkloppen gäbe, wär's gut. Aber die Römer lassen sich natürlich nicht blicken.

Geräuschband / Hupe: Fanfare.
Auftritt: Julius Cäsar.

Cäsar: *(mit großer Geste)* Auch euch Barbaren werde ich noch unterjochen. Lasst mich nur erst dieses kleine gallische Dorf besetzen. Aber wie mein Freund Romulus Rülps im Überfluss mir berichtet, kann es sich nur noch um wenige Tage handeln ...

Asterix: Sag deinem Freund Rollmops im sauren Drops, dass er sich da wohl etwas verrechnet hat.

Cäsar: Glaubt bloß nicht, weil ihr eure Wunderwaffe habt, könnte ich euch nicht unterwerfen.

Supermann: *(springt dazwischen)* Eine neue Wunderwaffe? Die will ich sehen. Kann man damit das gesamte Universum unterwerfen?

Obelix: Mich lassen sie ja nicht. Aber wenn ich nur ein bisschen davon naschen dürfte,

könnte ich bestimmt das ganze Universum damit umwerfen.

Supermann: *(an Asterix)* Was ist das für eine Wunderwaffe? Ich kauf sie euch ab. Verlang, so viel du willst. Ich hab mehr Geld, als du dir erträumen ...

Supermann wird von den Daltons unterbrochen, die sich befreit haben und ihm die Pistolen unter die Nase halten. Die Daltons sollten möglichst immer wie die Orgelpfeifen hintereinander stehen: Dalton 1 der Kleinste, Dalton 4 der Größte.

Dalton 1: Raus mit dem Geld!

Dalton 2: Raus mit dem Zaster!

Dalton 3: Raus mit den Möpsen!

Dalton 4: Raus mit dem Essen ... äh ... ich meine mit den Eiern!

Supermann: Was soll das? Wisst ihr nicht, wer ich bin?

Dalton 1: Du hast ja noch nicht einmal eine Kanone!

Dalton 2: Du hast ja noch nicht einmal ein Gewehr!

Dalton 3: Du hast ja noch nicht einmal einen Colt!

Dalton 4: Du hast ja noch nicht einmal eine Gabel ... äh ... ich meine ein Messer!

Olivia stürmt kreischend von links nach rechts über die Bühne. Nachdem sie verschwunden ist, folgt ihr Popeye.

Olivia: Popeye!

Popeye: Olivia!

Erzähler: Ich fürchte, das wird doch jetzt langsam ein bisschen unübersichtlich.

Lucky: Dann woll'n wir mal!

Lucky Luke schnürt ganz lässig die Daltons samt Supermann wieder zusammen. Kasperle umkreist wild pritschend das „Paket".

Kasperle: *(lacht und pritscht)* Tri, tra, trullalla ...

Supermann steht in der Mitte und wird durch die Daltons abgeschirmt.

Supermann: Was ist das für eine Waffe? Kann man damit das gesamte Universum verdreschen?

Dalton 1: Das ist eine Schweinerei!

Dalton 2: Das ist eine große Schweinerei!

Dalton 3: Das ist eine riesengroße Schweinerei!

Dalton 4: Das ist ein Kotelett! ... äh ... ich meine, irgendwas vom Schwein!

Obelix: Was für ein Schwein? – Wildschwein?

Asterix: Hier gibt's doch keine Wildschweine.

Nach Belieben und Einfallsreichtum kann jetzt weiter improvisiert werden. Für den Schluss bietet sich folgende Lösung an: Ein Wildschwein tänzelt über die Bühne, am Publikum vorbei und ab. Obelix hinterher, gefolgt von Asterix. Dalton 4 hinterher, gefolgt von den anderen Daltons.

Obelix: *(flehend)* Ich habe Hunger!

Dalton 4: Ich auch!

Popeye: Wo ist mein Spinat?

Popeye hastet kurz über die Bühne und den anderen hinterher.

Cäsar: *(ruft)* Wo sind meine Legionen? *(geht ab)*

Lucky: Wo sind die Daltons? *(geht auch ab)*

Supermann: Wo ist das Universum? *(geht ab)*

Kasperle: *(singt)* Tri, tra, trullalla! Tri, tra, trullalla! Die Helden sind jetzt nicht mehr da! *(tanzt ab)*

Erzähler: *(tritt an den Bühnenrand)* Liebes Publikum! Wie ihr seht, gerät hier gerade einiges aus den Fugen. Ich fürchte, mit der Rettung des Universums werden wir wohl noch etwas warten müssen.
Die Karies wird weiterhin unter der Zahnbürste leiden, die Schüler unter den Lehrern, und der Achselschweiß wird das Deo noch eine Weile fürchten. Aber ihr könnt ja bis dahin etwas tun. Vielleicht rettet ihr ein bisschen den Regenwald, stiftet ein bisschen Frieden oder löst ein paar andere Probleme auf der Welt.

So werden die Kostüme gemacht:

Für **Obelix** wickelt man zuerst Wolle um ein Buch. An einer Seite wird die Wolle dann aufgeschnitten (siehe Zeichnung!). Man legt zwei gleich dicke Wollstränge vor sich hin und umwickelt die oberen Enden mit Klebeband. Dann werden die Zöpfe geflochten und unten zugebunden. Mit einem langen Faden und einer dicken Stopfnadel werden die Zöpfe in der Mütze festgenäht.

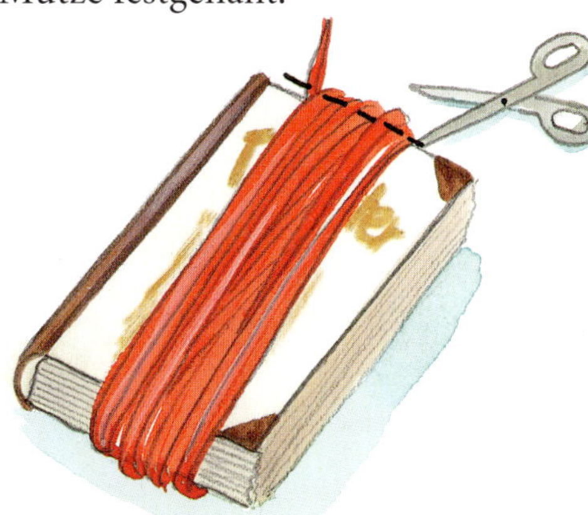

Aus dem gestreiften Stoff wird nach diesem einfachen Schnitt eine viel zu große Hose genäht. Oben ein Gummiband durchziehen. Wer die Hose anzieht, bekommt auch noch ein dickes Kissen mit in die Hose gestopft.

Asterix trägt einen Helm, der aus einem Luftballon und eingekleistertem Papier hergestellt wird.
Ist der Ballon mit dem Papier getrocknet, wird er in der Mitte durchgeschnitten und dann mit Goldspray besprüht. Aus Karton werden die Hörner ausgeschnitten und festgetackert.
Einen Schnurrbart kann man aus gelber Wolle basteln. Er wird mit doppelseitigem Klebeband im Gesicht festgeklebt.

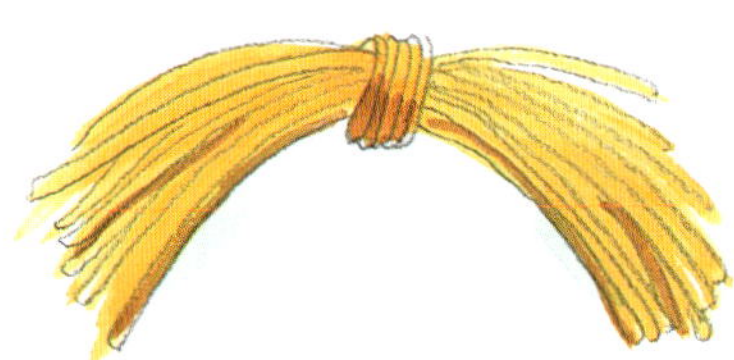

Für **Cäsar** braucht man ein großes Stück Stoff als Umhang und eine Lorbeerkrone.
Man kann entweder Lorbeerblätter aus farbigem Papier ausschneiden, oder man nimmt echte Lorbeerblätter. Die Blätter kann man entweder auf ein Stirnband kleben, oder man nimmt einen Styroporkranz, der genau auf den Kopf passt, und steckt darin die Blätter mit Stecknadeln fest.

Supermann braucht einen roten Umhang, blaue Leggings, ein blaues T-Shirt mit einem großen „S“ darauf, rote (Gummi-)Stiefel und schwarze Haare (Mütze). Der Umhang kann ein geschickt geknoteter roter Stoff sein. Wir haben auf ein blaues T-Shirt ein „S“ gesprüht. Man kann das „S“ auch aus Stoff ausschneiden und aufnähen.

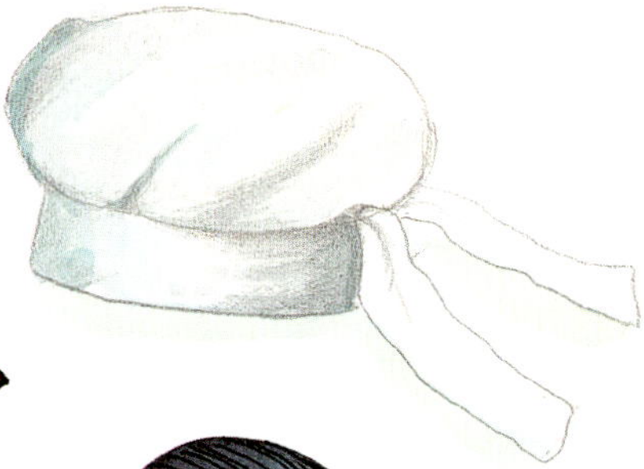

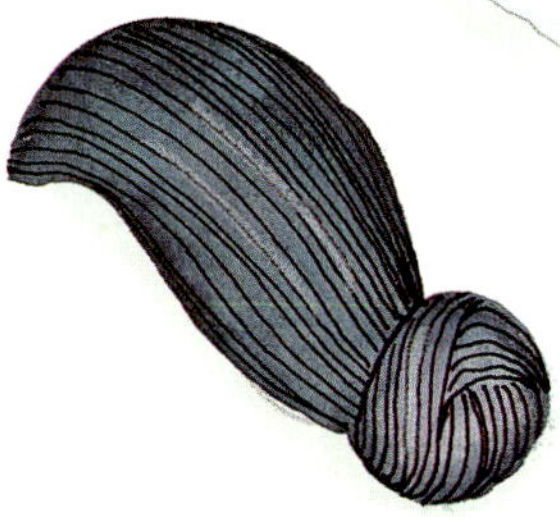

Lucky Luke trägt gewöhnliche Jeans, Cowboyhut, Grashalm im Mund, Pistole. Außerdem kann man noch sein Pferd „Jolly Jumper“ basteln: Dafür wird ein Pferdekopf auf Karton gezeichnet, ausgeschnitten, bemalt und auf einen langen Stock geklebt.

Für den **Kasperle**-Darsteller kann es ausreichen, eine Kasperle-Handpuppe zu halten oder eine lange Zipfelmütze aufzusetzen.

Popeye braucht Matrosenhut und Pfeife.

Olivia trägt am besten eine schwarze Perücke mit Knoten im Nacken.

Die vier **Daltons** tragen Cowboykostüme und eventuell gestreifte Hemden.

Abenteuer im Weltraum

Eine Mitspiel-Theater-Aktion für fünf Schauspieler und vierzig bis hundert Mitspieler

Allgemein: Eine ideale Spielfläche ist eine Wiese oder eine Turnhalle. Besonders im Freien ist unbedingt eine starke Tonanlage mit mindestens zwei Mikrofonen auf Stativ erforderlich. Sonst bleiben Durchsagen unverständlich.

Regie: Da die „aktiven Schauspieler" auch organisatorische Aufgaben übernehmen, werden sie von Jugendlichen oder Erwachsenen gespielt. Das gilt auch für die freien Helfer. Bei der Spielaktion wechseln sich einstudiertes Spiel auf der Bühne und improvisiertes Spiel vor der Bühne ab. Die Praxis hat gezeigt, dass diese Übergänge nicht fließend gemacht werden dürfen.

Rollen: Knix, Knax, Toni oder Zenzi, Knattermann, Mitspieler.

Requisiten: Polaroidkamera, bunte Bänder, Stofftiere, Riesenskier, Wäscheklammern, mit Mehl gefüllte Luftballons, große Nadel, Fahrradlenker, Tragen.

Musik: Kassette mit heiterer Instrumentalmusik für alle Mitspielaktionen. Weitere Kassette für die Weltraumatmosphäre (meditative Computermusik); sie erklingt immer zu Beginn der Spielsequenzen und wird evtl. den Dialogen unterlegt (nicht zu laut). Ein zweiter Rekorder wird zur Einspielung der Geräuschbänder/Effekte benutzt.

Beliebige Musik vorweg, das Publikum sammelt sich.
Die Helfer machen von etwa zehn erwachsenen Zuschauern Polaroidfotos. Sie sind die Verschollenen, die zum Spielende gefunden werden müssen. (Sicherstellen, dass sie bis zum Ende bleiben.)

Knix und Knax kommen auf die Bühne und gehen an die Mikrofone.
Musik abblenden.

Knix: Guten Tag, liebe Leute! Guten Tag, liebe Omis und Opis, liebe ...

Knax: Mamis und ...

Knix: Halt's Maul, das ist meine Begrüßung! Guten Tag, liebe Mamas und Papas, und Lehrer und Katzen, und Pommesverkäufer ...

Knax: Und Nasenbohrer ...

Knix: Halt's Maul! Und Pastoren und Hausmeister ... und ... Hab ich noch jemanden vergessen?

Knax: Die Nasenbohrer!

Knix: Hab ich doch gesagt.

Knax: Nein, das war ich.

Knix: Halt's Maul! Also mit einem Wort:

Knax: Guten Tag!

Knix: *(gestikuliert ungeduldig)* Wenn du mir ständig ins Wort fällst, machst vielleicht besser du die Ansage!

Knax: Und was soll ich sagen?

Knix: Sag, dass es jetzt gleich losgeht.

Knax: Und was noch?

Knix: Na, dann stellst du uns alle vor.

Knax: Wen?

Knix: Die Weltraumreisenden. Die Kosmonauten. Die Astronauten oder wie man sie auch immer nennen will. Die grüne Ilona!

Auftritt Ilona. Jubelt.
(Eventuell Musiktusch.)
Auftritt der anderen Helfer.

Und den blauen Peter ... *(usw. nach Bedarf)*

Knax: Und was soll ich noch sagen?

Knix: Na, dass wir gleich alle auf eine lange Weltraumreise gehen wollen.

Knax: Wer?

Knix: Wir hier oben auf der Bühne und die da unten auf der Wiese. Ein Riesenweltraumabenteuer wartet auf uns.

Ans Publikum.

Und weil ihr so viele seid, ist es besser, wenn wir uns in verschiedene Gruppen aufteilen. In eine blaue Gruppe, eine gelbe Gruppe, eine grüne Gruppe und eine rote Gruppe.
Die Kinder von der grünen Gruppe bekommen von der grünen Ilona eine grüne Schleife um den Arm. Die Kinder von der blauen Gruppe bekommen vom blauen Peter eine blaue Armbinde und so weiter. Bleibt wo ihr seid, bis wir zu euch kommen, um die bunten Weltraumsicherheitsbelts zu verteilen.

Knax: Und das soll ich alles sagen. *(verzweifelt)* Das ist doch viel zu viel. Das schaffe ich nie.

Knix: *(tröstend)* Eigentlich glaube ich, dass das gar nicht mehr unbedingt nötig ist.

Knax: Bestimmt nicht?

Knix: Bestimmt nicht.

Knax: Aber Knix, weißt du was? Warum fangen wir nicht endlich an?

Knix: Genau! Wir kommen zu euch!

Musikband: Mitspielaktion. Gehen mit den anderen ab und teilen die Kinder in etwa gleich starke Gruppen auf. Musik aus. Auftritt Knix und Knax.

Knix: Hat jetzt jeder seinen Weltraumsicherheitsbelt? Gut.

Knax: Dann sagen wir euch jetzt, worum es geht.

Knix: Habt ihr schon gehört, dass vorletzte Woche Menschen im Weltraum verschollen sind?

Knax: Klar, hab ich doch im Fernsehen gesehen.

Knix: Knix und Knax ...

Knax: Also wir zwei ...

Knix: ... haben sich eine Rakete gebastelt und wollen in den Weltraum starten, um die Verschollenen zu suchen.

Knax: Nun verrate doch nicht alles. Wir müssen doch erst erklären, wie das Ganze laufen soll.
Also. Wir spielen euch erst mal was vor, und wenn wir nicht mehr weiterkommen, dann ...

Knix: Dann seid ihr an der Reihe.

Knix / Knax: *(mit entsprechenden Gesten)* Einmal hier, einmal da. Einmal ihr, einmal wir.

Knax: *(ans Publikum)* Seid ihr startbereit? Dann bitte alle Mitreisenden hinsetzen und Vorsicht beim Start. Hinsetzen, anschnallen und tief Luft holen. Beim Countdown laut mitzählen.

Knix und Knax setzen sich. Geräuschband: Raketenstart. Dazu über Mikrofon mechanisch zählender Countdown.

Knix: Sie fliegt! Sie fliegt!

Musikband: Weltraumatmosphäre.

Knax: Mensch, dass wir das geschafft haben!

Merkwürdiges Geräusch vom Band.

Knix: Was ist das?

Knax: *(schnallt sich ab und geht zeitlupenartig zu einem Monitor)* Der Bordcomputer meldet sich.

Knix: Kontakt aufnehmen. Was sagt der Bordcomputer?

Knax: Er gibt uns die aktuellen Milchstandsmeldungen der Milchstraße durch.

Knix: Und?

Knax: Der Milchstand wird heute zwei Kalorien über Normalquark liegen.

Beängstigend lautes mechanisches Geräusch.

Knix: Vorsicht! Wir flouten. Wir flouten.

Die zwei klammern sich an der Rakete fest; werden scheinbar durchgeschüttelt.

Knax: Wir müssen den Lombardsatz senken. *(zieht an einem Riesenhebel)* Dow-Jones-Index um siebentausend Punkte erhöht.

Knix: *(macht sich auch an Hebeln und Schaltern zu schaffen)* Was sagt der Nikkei?

Knax: Tendiert gegen Rhesusfaktor negativ.

Knix: Klingt nicht gut. Wir müssen von den intramuskulären Spitzenwerten herunter!

Die beiden hantieren weiter. Schließlich kehrt Ruhe ein. Beide fallen erschöpft in die Sessel.

Mensch Knax, ein bisschen unheimlich ist mir schon.

Knax: Sollen wir nicht lieber umkehren?

Knix: Nix da. Jetzt werden die Verschollenen gerettet.

Knax: Ich mag keine Schollen. Ich mag überhaupt keinen Fisch.

Knix: Das sind keine Fische. Das sind Menschen.

Knax: Wenn ich sie irgendwo im Weltall suchen muss, mag ich auch keine Menschen.

Knix: Stell dir doch mal vor: Zehn arme Kreaturen, die irgendwo in den Weiten der Galaxis herumirren. Mutterseelenallein.

Knax: Vaterseelenallein.

Knix: Schwesternseelenallein.

Knax: Patentantenseelenallein.

Knix: Omaseelenallein.

Beide heulen.

Aber ich hab doch gar keine Oma mehr. Blödsinn. Jetzt lass uns erst mal was essen.

Knax: Du, Knixiii. Ich muss dir was beichten. Weißt du ...

Geht an das Nachttischchen und holt ein Stofftier heraus.

Knix: Was soll das denn?

Knax: Das ist Pummelmann. Das ist Quieki, und das ist Schlappohr *(usw.)*

Knix geht ans Nachttischchen und zieht entgeistert ein Stofftier nach dem anderen heraus.

Knix: Und das Essen? Unser Proviant?

Knax zeigt nach unten.

Knix: Wo?

Knix: Unten. Auf der Erde.

Knix: Das darf doch nicht wahr sein. Auf der Erde! Wir müssen sofort umdrehen. Sonst verhungern wir.

Knax: Ja, sofort. Alle Bremsen volle Kraft zurück! Steuer hart Backbord. Hisst die Segel. Werft den Anker. Erde, du hast uns wieder.

Knix: *(stoppt ihn)* Halt mal. Ich finde das Steuer nicht.

Knax: Das hast du doch eingebaut.

Knix: Ich doch nicht. Du!

Knax: Nein, du wolltest das Steuer einbauen.

Knix: Weißt du, was das bedeutet?

Knax: Jetzt sind wir auch Schollen. Im Weltraum.

Knix: Ohne Proviant.

Knax: Und ohne Steuer.

Knix: *(klammert sich am linken Bühnenrand fest)* Du Knax, merkst du was?

Knax: *(wird zum rechten Bühnenrand geschleudert)* Die Rakete liegt schief.

Jetzt kann auch Knix sich nicht mehr halten und fliegt auf die rechte Seite.

Knix: Genauer gesagt, sie fliegt schief.

Beide rutschen zur anderen Seite.

Sie ist völlig aus dem Gleichgewicht.

Knax: Und was sollen wir jetzt machen?

Knix: *(ans Publikum)* Ihr müsst uns helfen!

Musikband: Spielaktion. Diesmal nicht zu laut.

Ihr müsst euch gleichmäßig verteilen.

Weiter improvisieren.
Knix dirigiert nun die Kinder im Innenkreis hin und her. Die rote

Gruppe läuft nach links, die blaue Gruppe nach rechts usw.
Musik: Mitspielaktion. Wenn die Gruppe formiert ist, Musik aus.

Knax: Na ja, dank der Kinder wäre dieses Problem jetzt also gelöst.

Knix: Bleibt natürlich noch die Frage, wo wir ein Steuer herkriegen.

Knax: Und wo wir die Schollen finden ...

Musikband: Weltraumatmosphäre.
Beide frösteln und halten Ausschau.

Knix: *(friert)* Siehst du was?

Knax: Na ja Sterne. Ganz komisch. Sterne mit Hosenträgern.

Knix: Ich sehe riesige Eisberge ... und Eiszapfen. *(lacht)* Mensch, schau, dahinten sieht ein Stern aus wie ein riesiges Magnum. So hab ich mir Sterne nicht vorgestellt.

Knax: Eisberge, Eisschluchten, Eisschollen ... Hoffentlich keine Eisbomben.

Knix: Ist keine Sonne dabei?

Knax: Nein. Aber einer mit einem Mondgesicht.

Knix: Hör zu, wenn da draußen keine Sonne ist, dann sind wir irgendwie aus unserem Sonnensystem herausgetrudelt. Frierst du denn überhaupt nicht?

Knax: Doch, schon. Es wird ja auch immer kälter. *(geht zur Bühnenrückseite)* Das Bordthermometer zeigt einen Meter dreißig unter Null. Einen Meter vierzig ..., einen Meter fünfzig ..., zwei Meter sechsundachtzig ..., anderthalb Kilometer unter Null!

Knix: Wir müssen was tun, sonst erfrieren wir. Ich krieg schon ein Eisbein.

Knax: Ich mag lieber Eisbecher als Eisbeine.

Knix: Das finde ich jetzt gar nicht komisch.

Von hinten durch die Zuschauer hindurch kommt jetzt Toni (Zenzi) aufs Spielfeld. Er trägt Sepplhose, Tirolerhut ... und hat Skier angeschnallt oder auf dem Rücken. Dazu bewegt er sich zackig sportlich und animiert die Umstehenden, es ihm nachzutun. Nach und nach sollte es ihm gelingen, Bewegung in den Mitspielkreis zu bringen.

Toni: Und eins und zwei und drei und lockern.

Weiter improvisieren. Auf „locker“ bleibt er stehen und schüttelt Arme und Beine, usw.
Auch Knix und Knax auf der Bühne steigen in die Bewegungen ein. Dann ...

Knix: Du Knax, was ist denn das für einer?

Knax: Ich würde sagen, ein Sportler. Etwas merkwürdig gekleidet zwar, aber vielleicht ist das ja die neue Sportkollektion von Nike.

Knix: Außenlautsprecher einschalten. Hallo Sie da! Ja, genau Sie. Können Sie mal herkommen. Du, ich werd verrückt, der kommt wirklich.

Knax: Echt Spitze. Unser erster Verschollener.

Beide jubeln. Toni kommt auf die Bühne und wird begrüßt.

Knix: Herzlichen Glückwunsch.

Knax: Sie sind unsere erste Scholle!

Toni versteht nicht.

Knix: Er meint Verschollener. Gratuliere zu ihrer Rettung. War nicht leicht, Sie hier zu finden.

Toni versteht immer noch nicht.

Knax: Du, ich glaube, der ist gar kein Gescholllener.

Knix: Sind Sie kein Verschollener?

Toni ist vom Charakter her sehr wortkarg aber gestenreich.

Toni: Na, i bin der Toni.

Knax: Herr Toni, können Sie uns sagen, wo wir hier sind?

Toni: Jo.

Knix: Und wo sind wir hier?

Toni: Jo, in der Himbeereisgalaxis.

Knax: Und wie sind Sie hierher gekommen?

Toni: Ski ... Schanze ... Ssssst.

Toni simuliert gestenreich ein Skispringen.

Knix: Ach so, Sie sind beim Skispringen in den Weltraum abgetrieben worden. Wahrscheinlich zu viel trainiert. Kann ja mal vorkommen.

Knax: Wird aber nicht gewertet, weil landen muss man. Das ist wichtig.

Knix: Aber wenn er in ein paar Jahren landet, kommt er ins „Guiness Buch der Rekorde“.

Toni: Und ihr?

Knax: Also die Rakete haben wir gebaut, weil wir die Verschollenen suchen wollen.

Knix: Und dann haben wir festgestellt, dass der Idiot statt Essen und Trinken seine Stofftiere eingepackt hat.

Knax: Jetzt wollen wir Schollen suchen, aber ohne Steuer geht das nicht, denn das hat der Idiot vergessen einzubauen.

Knix: Sie haben nicht zufällig irgendwo Verschollene gesehen?

Toni: I denk scho.

Knax: Wo?

Toni: Zweites Sonnensystem, hinter der Milchautobahn links, da war so was.

Knix: Und wie kommen wir dahin?

Toni: Ohne Steuer?

Knix und Knax nicken, Toni überlegt und gibt gestenreich zu verstehen, dass man auf Skiern fliegen könnte.

Habt's ihr Ski an Bord?

Knax: Ja, ganz zufällig.

Toni: Ganz zufällig.

Knix: *(geht zum Bühnenrand und angelt ein Paar Riesenski heraus)* Ja, ganz zufällig.

Erklärung Skispiel: Pro Paar Ski laufen zehn Kinder gleichzeitig. Start und Ziel nach Absprache.

Knix: Wir wollen jetzt also alle zusammen einen Skiausflug ins zweite Sonnensystem machen. Dazu brauchen wir erstens ein Sonnensystem. Das spielen vier Erwachsene, die mit diesen Sonnenmasken verkleidet werden. Jeder Gruppe bringen wir gleich ein paar Weltraumskier. Mit diesen Ungetümen versucht ihr, das Sonnensystem zu erreichen. Wir starten auf mein Kommando. Aber nicht hetzen, es geht nicht um die Wette. Ach, noch was, fragt die Sonnen nach den Verschollenen. Vielleicht können die ja weiterhelfen. Alles Weitere wird sich zeigen.

Musikband: Mitspielaktion. Während der Spielerklärung von Knix werden die Ski von den Helfern ausgeteilt und die erwachsenen Sonnen eingewiesen. Nach Knix' Startsignal begeben sich die Gruppen auf die Reise. Erst wenn alle Gruppen bei den Sonnen sind, geht Knax mit einem Kind auf die Bühne, um es nach dem Ergebnis zu befragen. Am Mikrofon; Interviewstil. Ergebnis: Die sind nicht mehr da.

Knix: Dann ist es wohl am besten, wenn ihr anderen alle wieder zur Rakete zurückkommt. Bitte vorsichtig wenden. Und ab geht die Post!

Wenn alle zurück sind, werden die Ski wieder eingesammelt.
Musikband aus. Knix, Knax und Toni auf der Bühne.

Knix: Tja, so kommen wir wohl nicht weiter. Aber was seh ich denn da?

Von hinten fährt jetzt Knattermann auf. Er fährt Runden über den Platz und prallt letztendlich vor die Bühne. Er torkelt und taumelt aus seiner Sportrakete und schleppt sich auf die Bühne.

Knax: Wie sieht der denn aus?

Knix: Dem ist schwindelig. Der fällt gleich um.

Toni: Seid still. Er sagt was.

Knattermann: Piep ... piep ... piep ...

Knix: Ich kann nichts verstehen.

Toni: Wartet. Dös is a intergallaktisches Pipsisch. Ich übersetze.

Knattermann: Piep, piep ...

Toni: Musik!

Knix / Knax: Musik?

Toni: Er braucht Musik.

Knix / Knax: Er braucht Musik?

Toni: Sonst stirbt er.

Knix / Knax: Sonst stirbt er?

Knattermann: Piep ... piep ...

Toni: Seine Batterien ...

Knattermann: Piep, piep, piiip ...

Toni: ... werden mit Musik ...

Knattermann: Piep, piiip ...

Toni: ... aufgeladen.

Knattermann: Piep, piep ...

Toni: Er kann ohne Musik nicht leben.

Nach einem letzten, besonders kläglichen Gepiepse bricht Knattermann zusammen.

Knax: Ein Lied. Schnell ein Lied! Alle meine Tiere fliegen im Weltall. Fliegen im Weltall.

Auch Toni und Knax stimmen gleichzeitig ein Lied an. (Bayrisch und etwas aus der aktuellen Hitparade.)

Knix: Halt! So geht's nicht, Freunde.

Toni: Da muss mehr Dampf rein!

Knix: *(ans Publikum)* Ihr müsst uns helfen. Gemeinsam haben wir mehr Power und können ihn vielleicht wieder zum Leben bringen.

Der (die) Talentierteste stimmt ein Lied an, das möglichst lautstark gesungen wird. (Volkslied, Schlager.) Mit zunehmender Lautstärke geht es Knattermann sichtlich besser. Mit der letzten Strophe hüpft er übermütig auf der Bühne herum.

Erst pfeift er aus dem letzten Loch, und jetzt hüpft er rum wie ein Weltraumfloh.

Knattermann: *(kichert galaktisch, glotzt höchst verwundert der Reihe nach Knix, Knax, Toni und das Publikum an)* So was Komisches. Wie seht ihr denn aus! So was Komisches. Wo ihr eure Augen habt. So was Doofes. Genau wie die Schlitzglotzer vom galaktischen Hufeisen. – Wo kommt ihr Schlitzglotzer denn alle her?

Toni: Was war mit den Schlitzglotzern?

Knattermann: Die haben genauso komische Augen wie ihr, und wie *(zeigt ins Publikum)* die da, die da!

Knix: Der weiß, wo die Verschollenen sind. Ich werd verrückt.

Knax: Wo hast du die Leute mit den komischen Augen gesehen?

Knattermann albert herum, nimmt nichts ernst.

Toni: Los, sag schon!

Knattermann: Letzten Sonntag, als ich in der Rock-'n'-Roll-Galaxis war, um Musik zu tanken, da hab ich sie gesehen. In der Hufeisengalaxis.

Knix: Nix wie hin!

Toni: Wenn ihr wüsstet, wie es stinkt in der Hufeisengalaxis. Da stinkt's wie tausend ungewaschene Füße.

Knattermann: Füße, Füße, ...

Toni: Wer dort lebt, verpestet sich zuerst die Lungen, dann die Rakete und schließlich die ganze Erde.

Knax: Und man kann nichts machen?

Toni: Da braucht's Nasenschoner. So wie diesen.

Zwickt sich eine Wäscheklammer auf die Nase.

Knattermann: Wenn ihr sie befreien wollt, braucht ihr Entgiftungssäcke, damit ihr sie entgiften könnt. Sonst verpesten die uns das ganze Universum. Zufällig habe ich welche in meiner Sportrakete.

Toni: Also, aufi geht's! Aber halt. Wie schaun die denn aus, die wir suchen müssen? *(allgemeines Achselzucken)*

Knax: *(enttäuscht)* Alles umsonst. Die finden wir nie.

Knattermann: Moment. Ich habe Fotos von ihnen gemacht, weil sie *(lacht)* so komische Augen haben.

Knattermann bekommt einen Lachkoller, zieht die Polaroidfotos aus der Tasche und reicht sie herum.

Knax: Wer von uns hat denn hier komische Augen?

Knix: Halt's Maul

Knattermann: Aber allein findet ihr die nie. Da müssen euch die da *(zeigt aufs Publikum)* schon helfen.

Knix: Liebe Freunde! Jede Gruppe bekommt gleich ein paar Fotos, um die Verschollenen zu suchen. Wenn ihr sie gefunden habt, führt ihr sie zur Stunkstation. Dort werdet ihr alle mit Nasenschonern ausgestattet. Da die Verschollenen sicherlich sehr entkräftet sind, werden sie von euch auf Tragen zur Entgiftungsstation hier im Raumschiff getragen. Dort hält Knattermann die Entgiftungssäcke für euch bereit. Bis dahin also!

Musikband: Mitspielaktion.
Die Entgiftungssäcke sind mit Mehl gefüllte Luftballons, die, nachdem sie von den Vergifteten prall aufgeblasen wurden, hoch über den Kopf gehalten werden müssen. Dann bringt Knattermann sie mit seiner „Kosmosnadel" zum Platzen.
Musik aus.
Das Entgiften wird unter großem Brimborium auf der Bühne vollzogen, sobald die Verschollenen antransportiert wurden. Danach versammeln sich auf der Bühne alle Verschollenen und die Handlungsträger.

Knix: Liebe Weltraumabenteurer! Lasst uns gemeinsam die Heimreise antreten. Aber bevor wir starten, müssen wir unsere Antriebsaggregate aufladen. Sicherlich könnt ihr euch denken, wie das im Weltraum über die Bühne geht. Also macht Krach, dass die Sterne erzittern!

Infernalisches Krachmachen. Dann ...

Knax: *(einen Fahrradlenker in der Hand)* Knattermann hat uns für die Heimreise sein Zweitsteuer geliehen. Also hinsetzen und tief Luft holen.

Musik / Countdownband wie am Anfang. Gemeinsames Mitzählen. Nach kurzer Flugphase explodiert ein Kanonenschlag.
Jubel.

Knix: Toll, dass ihr alle so schön mitgemacht habt.

Knax: Ohne euch hätten wir die Verschollenen nie gefunden.

Knix / Knax: Danke schön und guten Heimweg.

Musik wie zu Beginn.
Helfer und Handlungsträger mischen sich unter das Publikum.

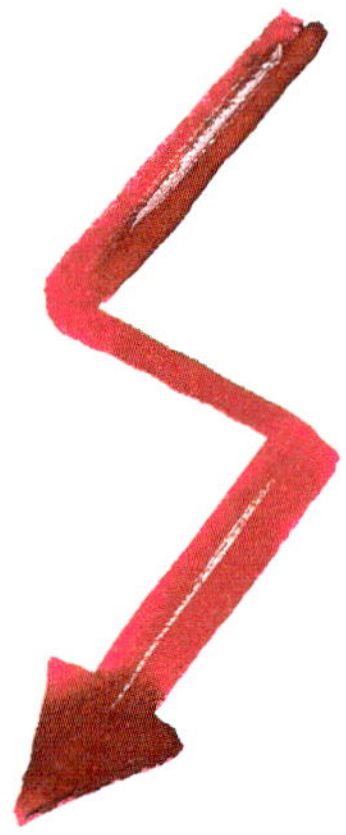

So wird die Bühne gemacht:
Man braucht einen großen Karton (z. B. Verpackung eines Kühlschranks!), eine große Pappe (Verpackung von einem Türblatt), Pappreste in verschiedenen Größen, Silberspray, Buntpapier, Schere, Klebstoff, Pappröhren oder Drähte ...
Der Fantasie sind keine Grenzen gesetzt.

Für **Sonne und Mond** braucht man Karton, Messer, Buntpapier in Orangetönen, Klebstoff, 2 Holzleisten, Goldspray.

Für die **Rakete** braucht man ein Pappstück (Türverpackung), Messer, Silberspray, roten Lackspray, Wunderkerzen.

Zuerst wird der große Karton silbern besprüht. Darauf eventuell noch ein geheimnisvolles rotes Zeichen aufsprühen. Die Instrumente und Symbole werden aus Buntpapier ausgeschnitten und aufgeklebt. In die Seiten des Kartons kann man noch Pappröhren stecken, die dann wie eine Gangschaltung aussehen. An die Stuhllehnen kann man Sterne aus Karton kleben oder Sonnen, einen Kometen, alles, was nach Weltraum aussieht.

Die Rakete wird aus dem langen Pappstück ausgeschnitten und mit rotem und silbernem Spray besprüht. Sie kann zunächst über der Bühne aufgehängt werden.

Zum **Start der Rakete** werden ca. 20 Wunderkerzen in das hintere Ende der Rakete gesteckt und angezündet. Dann laufen die Piloten Knix und Knax eine Runde um das Spielfeld.

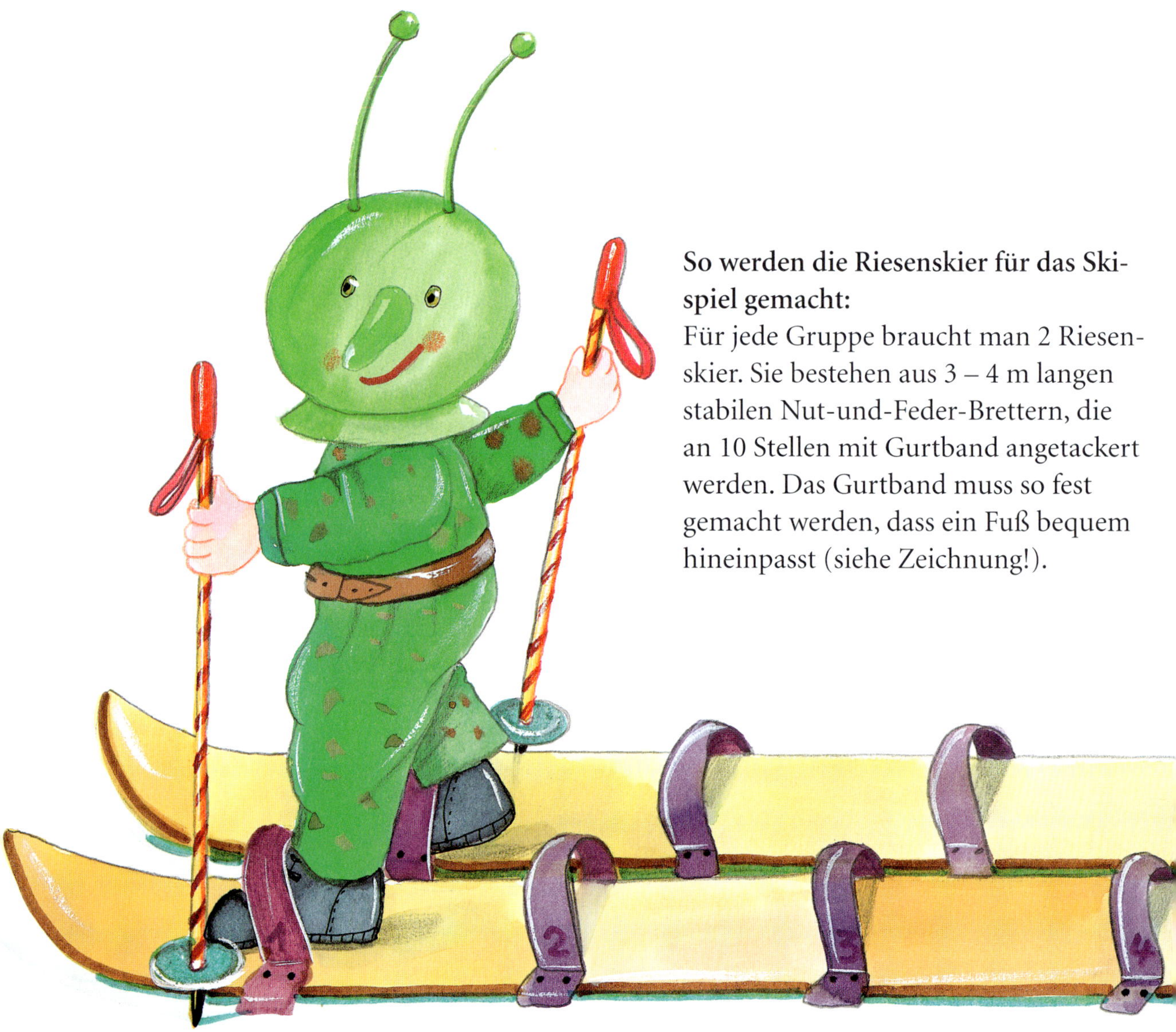

So werden die Riesenskier für das Skispiel gemacht:
Für jede Gruppe braucht man 2 Riesenskier. Sie bestehen aus 3 – 4 m langen stabilen Nut-und-Feder-Brettern, die an 10 Stellen mit Gurtband angetackert werden. Das Gurtband muss so fest gemacht werden, dass ein Fuß bequem hineinpasst (siehe Zeichnung!).

Die **Masken** für die Sonne und den Mond werden einfach aus Karton ausgeschnitten und mit Goldlack besprüht. Die Sonne bekommt Zacken aus Buntpapier. Hinter jede Maske wird ein Holzstab geklebt, mit dem die Maske später gehalten wird.

Und hier sind noch ein paar **Zuschauer** in ihren Kostümen zu sehen. Vielleicht gefällt euch ja eines davon, sodass ihr es selbst tragen wollt.

Viel Spaß
beim
Theaterspielen!

Die Schreibweise entspricht den Regeln der neuen Rechtschreibung.

3 2 1 99 98 97

Gesamtgestaltung, Kostüme und Umschlag: Sabine Lohf
Redaktion: Elke Dannecker
Printed in Germany

ISBN- 3-473-41092-6

Die Deutsche Bibliothek – CIP-Einheitsaufnahme
Theater: Spielbuch für Kinder / KNISTER/Lohf.
[Red.: Elke Dannecker].–
Ravensburg: Ravensburger Buchverl., 1997
ISBN 3-473-41092-6
NE: KNISTER; Lohf, Sabine; Dannecker, Elke [Red.]